RÜDIGER GERST

FÖDERALISMUS IN DEUTSCHLAND UND EUROPA

RÜDIGER GERST

FÖDERALISMUS IN DEUTSCHLAND UND EUROPA:

WAS BLEIBT DEN DEUTSCHEN LÄNDERN ?

LEIBNIZ-VERLAG

BAMBERG 2000

Die Deutsche Bibliothek - CIP-Einheitsaufnahme

Gerst, Rüdiger:

Föderalismus in Deutschland und Europa :
was bleibt den deutschen Ländern ? /
Rüdiger Gerst. – 1. Aufl.. - Bamberg :
Leibniz-Verl., 2000
ISBN 3-931239-05-5

Printed in Germany

Druck: Libri (Georg Lingenbrink GmbH & Co.)
Hamburg

ISBN 3-931239-05-5

Inhaltsverzeichnis

VORWORT

Die Integrationsbestrebungen im Rahmen des europäischen Einigungsprozesses haben durch die Festlegungen der Verträge zu Maastricht und Amsterdam mittlerweile ein Stadium erreicht, das eine grundsätzliche Entscheidung über die Stoßrichtung der weiteren inneren Entwicklungsrichtung der Europäischen Union erfordert: Soll für die Ausgestaltung der Europäischen Union das dezentrale, föderalistische Prinzip, wie es sich etwa in den Staaten Mitteleuropas etabliert hat, zum Tragen kommen, oder soll die jüngere, eher der französisch-rationalistischen Tradition entsprechende Tendenz zu Dirigismus und Zentralismus zugrunde gelegt werden? Während so die EU-Kommission unter Verweis auf den Grundsatz der Wahrung des gemeinschaftlichen Besitzstandes eine deutliche kompetenzenkumulierende Politik betreibt, gerieren sich andere Akteure, wie die föderativ strukturierte Bundesrepublik Deutschland unter dem politischen Einfluß ihrer größeren Länder, eher als Verfechter des Föderalismus.

Damit findet das Ringen um die Frage Ausdruck, in welchen geeigneten vertrags- bzw. verfassungsrechtlichen Formen das weitere Zusammenwachsen

Europas erfolgen soll und welches Ordnungsprinzip das neue europäische politische System optimal organisiert.
Im Vordergrund dieser Schrift stehen dabei die Fragen, wie der Föderalismus in Europa und Deutschland verankert ist, ob und wie der Föderalismus Grundlage für den Bau des gemeinsamen europäischen Hauses sein kann. Im Zusammenhang mit der Problemstellung, welche Richtung die weitere Entwicklung der innereuropäischen Ordnung im Rahmen der EU nehmen wird, ist die Frage zu sehen, ob die Bedeutung der Regionen in der EU eher ab- oder eher zunehmen wird. Welche Mitgestaltungsmöglichkeiten haben die deutschen Länder hierbei und welche Impulse kann der deutsche Föderalismus für die künftige europäische Ordnung bieten? Welche Auswirkungen wird der europäische Integrationsprozeß für den bundesdeutschen Föderalismus mit sich bringen? Mit welchen Strategien suchen die Bundesländer eventuellen politischen Substanzverlusten zu begegnen? Welche Zukunft werden die deutschen Bundesländer im künftigen EU-Europa haben?
Die unter dieser Prämisse aufgeworfenen aktuellen Problemstellungen sind zu ihrer Lösung nicht ohne intensiven Blick auf den großen Zusammenhang der

europäisch-abendländischen verfassungsgeschichtlichen Tradition zu sehen.
Dabei vertritt der Verfasser die These, daß die föderalistische Option die der historischen Potenz und gewachsenen ethnisch-kulturellen Pluralität entsprechende Grundlage für das weiterzuentwickelnde europäische Gemeinwesen bietet.
Vorliegende Vortragsschrift will in diesem Zusammenhang, ausgehend von einer näheren Betrachtung des Phänomens „Föderalismus", die historischen Wurzeln, ideengeschichtlichen Ansätze sowie die Entwicklungslinie des europäischen Föderalismus bis hin zu seinen aktuellen Erscheinungsformen - unter besonderer Berücksichtigung Deutschlands - aufzeigen, auf dieser Basis auftretende Fragen behandeln und für die Doppelstrategie zum einen einer Wiederbelebung eines effizienzorientierten Föderalismus klarerer politischer Verantwortlichkeiten in Deutschland und zum anderen einer substantiellen föderalistisch-demokratischen Weiterentwicklung der Europäischen Union plädieren.

Bamberg, zu Jahresbeginn 2000

Rüdiger Gerst

Föderalismus in Deutschland und Europa - Was bleibt den deutschen Ländern?[1)]

I. Wesensmerkmale des Föderalismus - Beispiel: Bundesrepublik Deutschland

Als Voraussetzung zum Verständnis der Thematik „Föderalismus in Deutschland und Europa - Was bleibt den deutschen Ländern?" muß zu Beginn dieses Vortrages eine Explikation des Begriffs „Föderalismus" erfolgen, wobei als ein erster grundlegender Hinweis auf dessen verfassungs- bzw. staatenübergreifende strukturelle Funktion die ursprüngliche Bedeutung der lateinischen Wortwurzel „foedus" als „Bündnis" bzw. „Vertrag" verstanden werden kann.

Allgemein setzt Föderalismus das Bestehen eines Zusammenschlusses von politischen Systemen mit Staatscharakter voraus. Bei der Ausprägung dieses Zusammenschlusses kann Föderalismus sich von staatenbündischen politischen Ordnungen im völker-

---

1) Schriftliche, aktualisierte und erweiterte Fassung eines vom Verfasser am 28. Februar 1998 im Bildungszentrum Kloster Banz der Hanns-Seidel-Stiftung gehaltenen Vortrages.

rechtlichen Sinn bis hin zu bundesstaatlichen politischen Ordnungen in staatsrechtlichem Rahmen erstrecken.[2)] Insgesamt kann man sagen, daß „Föderalismus“, beispielsweise als bundesstaatliches politisches Ordnungsmodell, dann vorliegt, wenn folgende *vier Kriterien* erfüllt sind:

1. Neben einem Oberstaat sind im betreffenden Ordnungsmodell[3)] auch Gliedstaaten vorhanden. Es

---

2) Teilweise wird in der wissenschaftlichen Diskussion zudem die nicht unbegründete Auffassung vertreten, daß Föderalismus auch ein Ordnungssystem eigener Rechtsnaturkategorie zwischen staatsrechtlich-bundesstaatlichem und völkerrechtlich-staatenbündischem Rahmen kreieren könne. Als Beispiele werden hier nicht selten die EG (so z.B. bereits im Beschluß d. BVerfG v. 18.10. 1967, NJW 1968, 348) bzw. die EU angeführt. In seinem Urteil vom 12. Oktober 1993 prägte das deutsche Bundesverfassungsgericht schließlich, unter Vermeidung der Begriffe „Bundesstaat“ und „Staatenbund“, für die EU den Terminus „Staatenverbund“ (vgl. STEFFANI, Winfried: Der parlamentarische Bundesstaat als Demokratie, in: ZParl, 30. Jahrg. 1999, 4/99, S. 996.).
Zur Rechtsnatur der EU vgl.:
JACHTENFUCHS, Markus: Die Europäische Union - ein Gebilde sui generis, in: Projekt Europa im Übergang?, S. 15 ff., hrsg. v. Klaus Dieter Wolf, Baden-Baden 1998;
STÜWE, Klaus: Der Staatenbund als europäische Option. Föderative Entwicklungsperspektiven der Europäischen Union, in: APuZ, B 1-2/99, 8. Januar 1999, S. 24 ff. u. S. 28 ff., (Bonn) 1999.

3) Dieses aus dem Oberstaat und den Gliedstaaten bestehende Ordnungsmodell könnte nach den Lehren von Hans Kelsen und Hans Nawiasky als Gesamtstaat be-

bestehen also (mindestens) zwei Ebenen staatlicher Existenz.

2. Ein willkürlicher Übergriff auf die Kompetenzen oder gar auf die Existenz der einen Ebene auf die der anderen ist nicht möglich.
3. Die Gliedstaaten partizipieren an der (politischen) Willensbildung im Ober- bzw. Gesamtstaat.
4. Sowohl der Gesamtstaat als auch die jeweiligen Gliedstaaten verfügen über eigene, für einen Staat charakteristische Organe und sind mit bestimmten Kompetenzen ausgestattet, in deren Rahmen sie autonom sind.

Im Fall der Bundesrepublik Deutschland beispielsweise wären diese Kriterien wie folgt erfüllt:

---

zeichnet werden. In der einschlägigen Literatur, so grundlegend bei Konrad Hesse, ist die daraus entstehende Dreigliedrigkeit staatlicher Ebenen allerdings durchaus nicht unumstritten. KELSEN, Hans: Allgemeine Staatslehre, 1925, S. 199 f.; NAWIASKY, Hans: Allgemeine Staatslehre, 3. Teil, München 1956, S. 151 ff.; HESSE, Konrad: Der unitarische Bundesstaat, Karlsruhe 1962, S. 5 f.
Zur Entstehungsgeschichte des Gedankens vom dreigliedrigen Bundesstaat siehe: KOJA, Friedrich: Der Bundesstaat als Rechtsbegriff, in: Theorie und Praxis des Bundesstaates, S. 112 ff., hrsg. v. Ernst C. Hellbling, Theo Mayer-Maly u. Herbert Miehsler, Salzburg, München, Wien, Frankfurt u. Zürich, 1974 = Föderative Ordnung, Bd. III.

Die Existenz eines Oberstaates und von Gliedstaaten ist durch die grundsätzliche Gliederung des politischen Systems der Bundesrepublik Deutschland in die Ebene des Bundes und in mehrere Bundesländer gegeben,[4] wobei sowohl der Bund als auch die Länder über eine Staatsqualität[5] verfügen.

Durch die Art. 20 (1) und 79 (3) des Grundgesetzes ist diese prinzipielle Gliederung in Bund und Länder sowie die grundsätzliche Mitwirkung der Länder bei der Gesetzgebung jeglichen Verfassungsänderungen

---

4) Vgl. Präambel GG, Art. 20 (1) GG u. Art. 79 (3) GG sowie Art. 109 (1) GG.

5) Das Bundesverfassungsgericht hat sich im Verlauf des Bestehens der Bundesrepublik Deutschland immer wieder mit der Frage auseinandergesetzt, was die Staatsqualität der deutschen Länder ausmache. Dabei hat das Verfassungsgericht festgestellt, daß die Bundesländer über eine eigene, nicht vom Bund abgeleitete Hoheitsmacht verfügen. Das Grundgesetz würde diese Hoheitsmacht lediglich beschränken. Als Wesensmerkmal der Staatlichkeit müßten den Ländern laut Verfassungsgericht unentziehbare eigene Kompetenzen als „Hausgut", wozu etwa das Recht auf eine eigene Verfassungsgebung und Verfassungsgerichtsbarkeit, die freie Bestimmung über die Landesorganisation oder die Kulturhoheit, insbesondere im Bereich des Schulwesens, zählen, verbleiben. Belege in SCHMALENBACH, Kirsten: Föderalismus und Unitarismus in der Bundesrepublik Deutschland. Die Reform des Grundgesetzes von 1994, Düsseldorf 1998, S. 46 f. = Schriften des Landtags Nordrhein-Westfalen, Bd. 10.

entzogen. Dadurch beinhaltet auch die durch den Art. 24 GG gegebene und hinsichtlich der europäischen Einigung 1992 durch den neugefaßten Art. 23 GG ergänzte Ermächtigung an den Bund, Hoheitsrechte auf zwischenstaatliche Einrichtungen übertragen zu können, nicht das Recht, etwa die Staatlichkeit des Bundes oder der Länder aufzugeben.[6)]

Die Partizipation der Länder an der Willensbildung im Gesamtstaat erfolgt insbesondere durch das Verfassungsorgan Bundesrat[7)] und auch, bei der Wahl des Bundespräsidenten, durch das Verfassungsorgan Bundesversammlung.[8)] Sowohl der Bund als auch die jeweiligen Bundesländer der Bundesrepublik verfü-

---

6) Art. 24 (1) GG in Verbindung mit Art. 20 (1) GG u. Art. 79 (3) GG; Abs. 1 Sätze 1 u. 3 des neugefaßten Art. 23 GG v. 21.12.1992, BGBl. I S. 2086.
Vgl. KIRCHHOF, Paul: Europäische Einigung und der Verfassungsstaat der Bundesrepublik Deutschland, in: Europa als politische Idee und als rechtliche Form, S. 95 ff., hrsg. v. Josef Isensee, Berlin 1993 = Wissenschaftliche Abhandlungen und Reden zur Philosophie, Politik und Geistesgeschichte, Bd. 19.
Vgl. hierzu auch weiter unten unter IV.

7) Insbesondere Art. 50 mit 53 GG, Art. 76 mit 81 GG, Art. 104a GG, Art. 109 f. GG sowie Art. 57 GG u. Art. 94 GG. Hinsichtlich der Mitwirkungsrechte der deutschen Bundesländer in Angelegenheiten der EU seit 1992 Art. 23 GG.

8) Art. 54 GG.

gen über eigene, staatentypische Verfassungsorgane, wie beispielsweise Regierungen und Parlamente;[9] Bund und Länder sind verfassungsmäßig mit bestimmten Kompetenzen, zum Beispiel bei Gesetzgebung,[10] Verwaltung[11] und Haushaltswirtschaft[12] ausgestattet, in deren Rahmen sie autonom sind.

Faktisch ist allerdings, beispielsweise im Vergleich zum „Föderalismus der getrennten Sphären“ zwi-

---

9) Die Verfassungsorgane des Bundes sind im GG, die der einzelnen Länder in den jeweiligen Landesverfassungen festgelegt. Hinsichtlich der Ausgestaltung ihrer Verfassungsordnungen sind die Länder autonom, das Grundgesetz schreibt allerdings im Art. 28 (1) GG vor, daß die jeweiligen Landesverfassungsordnungen den Grundsätzen des republikanischen, demokratischen und sozialen Rechtsstaates im Sinne des Grundgesetzes entsprechen müssen. Zudem gebietet das Grundgesetz, ohne dabei auf ein parlamentarisches Regierungssystem zu verpflichten, im Art. 28 (1) GG, daß das Volk in den Ländern und kommunalen Gebietskörperschaften gewählte Vertretungen haben muß.

10) Art. 70 mit 75 GG, Art. 84 GG u. Art. 105 GG.

11) Art. 30 GG, Art. 32 GG, Art. 83 ff. GG, Art. 86 f. GG u. Art. 108 GG.

12) Art. 109 (1) GG: „Bund und Länder sind in ihrer Haushaltswirtschaft selbständig und voneinander unabhängig.“
In diesem Zusammenhang auch Art. 104 a (1) GG.

schen Bund und Gliedstaaten in den USA,[13] die Kompetenzabgrenzung zwischen Bund und Ländern durch den Umstand, daß der Schwerpunkt der Gesetzgebung dem Bund, die Ausführung der Gesetze aber hauptsächlich den Ländern obliegen, nicht zuletzt aber auch durch die konkurrierende Gesetzgebung und die Rahmengesetzgebung des Bundes, den Steuerverbund der großen Finanzreform von 1969, die Konsequenzen aus der Einführung von Gemeinschaftsaufgaben durch die Art. 91a und 91b GG, die Etablierung einer „Dritten Ebene" zwischen Bund und Ländern[14] und schließlich durch das damit korrespondierende Phänomen der Politikverflechtung außerordentlich stark durchbrochen[15] und in diesem

---

13) Vgl. beispielsweise STURM, Roland: Föderalismus in Deutschland und in den USA - Tendenzen der Angleichung?, in: ZParl, 28. Jahrg. 1997, 2/97, S. 335 ff.
Vgl. auch JOHNSON, Nevil: Territory and Power: Some Historical Determinants of the Constitutional Structure of the Federal Republic of Germany, in: Recasting German Federalism. The Legacies of Unification, S. 24 f., hrsg. v. Charlie Jeffery, London u. New York 1999.

14) In diesem Sinn sind beispielsweise die Kultusministerkonferenz (KMK), die Zentralstelle für die Vergabe von Studienplätzen (ZVS) in Dortmund und allgemein die Verwaltungsabkommen zwischen den Ländern zu sehen.

15) Vgl. beispielsweise HESSE, Joachim Jens u. ELLWEIN,

Sinn eher als ein „kooperativer Föderalismus"[16] zu kennzeichnen.

II. Wurzeln des europäischen Föderalismus

Daß Föderalismus kein artifiziell konstruiertes Verfassungsprinzip, sondern vielmehr ein in Europa gewachsenes historisches Phänomen darstellt, zeigt sich darin, daß bereits im alten Griechenland deutliche Elemente einer föderalistischen Ordnung erkennbar sind. War schon der griechische Stadtstaat aus einer Vereinigung verschiedener Dorfgemeinden entstanden,[17] so existierte in den Hunderten von Stadtgemeinden, in denen durchaus unterschiedliche Regierungsformen herrschten, dennoch auf der Grundlage einer gemeinsamen Sprache, Kultur und Religion trotz

---

Thomas: Das Regierungssystem der Bundesrepublik Deutschland, Bd. 1, 7. Aufl. Opladen 1992, S. 89 ff.

16) Hierzu vgl. beispielsweise ABROMEIT, Heidrun u. WURM, Felix W.: Der bundesdeutsche Föderalismus – Entwicklung und neuere Herausforderungen, in: Föderalismus in Deutschland. Neue Herausforderungen, S. 10 ff., hrsg. v. Uwe Andersen, Schwalbach 1996.

17) Vgl. RÜDIGER, Helmut: Föderalismus: Beitrag zur Geschichte der Freiheit, Berlin 1979, S. 11.

eines nicht vorhandenen Nationalstaates[18)] ein gemeinschaftliches identitätsstiftendes Bewußtsein. Solcherweise symbolisierten die seit 776 v. Christus durchgeführten Olympiaden nicht nur eine gemeinsame Wettkampfidee,[19)] sondern zugleich auch eine gemeinsame Friedensordnung. Zur Abwehr gemeinsamer Feinde wurden Bünde zwischen den Stadtstaaten etabliert. In diesem Zusammenhang denke man beispielsweise an die beiden Attisch-Delischen Bünde, den Peloponnesischen Bund und mehr noch an den Aitolischen und den Achaiischen Bund. Bei den letzteren beiden Bünden, gerade in der jüngsten wis-

---

18) Das nahezu allen griechischen Stämmen gemeinsame Prinzip der Wertschätzung der „ελευθερια", der Freiheit des einzelnen, wirkte einer Einengung der Freiheit der einzelnen Polis durch einen Einheitsstaat, die ja auch eine zwangsläufige Beschneidung der individuellen Freiheit bedeutet hätte, entgegen. Vgl. KUGELE, Dieter: Europa zwischen Idee und Wirklichkeit - eine kleine Geschichte der Europäischen Idee, in: KUGELE, Dieter, GÜNTER, Gerhard, KLEY, Karl-Ludwig: Die europäische Einigung. Utopie, Chance oder Notwendigkeit, München 1979, S. 10 f.; vgl. auch OTT, Gabriel M.: Frühe politische Ordnungsmodelle, München 1970, S. 122 f.

19) Vgl. RÜDIGER, S. 12 u. S. 14.
In diesem Zusammenhang sind auch die Isthmischen, Pythischen und Nemeischen Spiele zu sehen, für die ebenfalls sukzessive alle Griechen zugelassen waren.

senschaftlichen Literatur als „Koiná“ mit geradezu bundesstaatlichen Strukturen charakterisiert,[20] galt ein mehrfaches Bürgerrecht, und zwar das Bürgerrecht sowohl des Stadtstaates als auch des Bundesstaates. Hier hatten bereits auch das Recht auf Freizügigkeit sowie ein einheitlicher Münzfuß sowie gleiche Maße und Gewichte Gültigkeit. Ebenso fand hier schon zur Finanzierung der Bundesangelegenheiten das Instrument der Bundessteuern Anwendung.[21] Gemeinsames Merkmal aller „Amphiktyonien“, d. h. aller griechischer Städtebünde, waren ein gemeinschaftlicher Kult, ein gemeinsamer Tempel sowie ein gemeinsames symbolisches Herdfeuer für jeden Bund.[22]

---

20) BECK, Hans: Polis und Koinon. Untersuchungen zur Geschichte und Struktur der griechischen Bundesstaaten im 4. Jahrhundert v. Chr., (Diss. Erlangen 1996/97), Stuttgart 1997, S. 10 ff., S. 18 f. u. S. 20 ff. = Historia. Zeitschrift für alte Geschichte. Einzelschriften, H. 114.

21) Vgl. aber auch OTT, S. 194 f.

22) Vgl. FUSTEL DE COULANGES, Numa Denis: Der antike Staat. Kult, Recht und Institutionen Griechenlands und Roms, München 1988, S. 286 ff.

III. Abendländische Tradition des europäischen Föderalismus

1. Ideengeschichtliche Tradition des europäischen Föderalismus

Eine Wiederentdeckung des altgriechischen Gedankengutes und damit auch eine Wiederbelebung der antiken helenischen Staatenbundsarchetypen erfolgte vor dem Hintergrund eines sich anbahnenden Nationalismus' im Europa der Renaissance[23)] im Zuge des Humanismus: So strebte bereits der frühe Humanist Dante Alaghieri (1265-1321) in Anknüpfung an den antiken Gedanken des Staatenbundes eine universalistische Friedensordnung mit einem Weltmonarchen, dessen vornehmste Aufgabe in der Wahrung des Frie-

23) Zu diesem aufkeimenden Bedürfnis nach staatenbündischen Föderativsystemen ist ferner zu sehen, daß damals beide große Ordnungen, Reich und Kirche, ihre bisherige Funktion und Akzeptanz als universales Dach des abendländischen Europas weitreichend einbüßten: Das Reich wurde durch realen Machtverlust nach innen und außen geschwächt, und die Kirche verlor ihre Einheit und Bedeutung sowohl durch die Sprengung des traditionellen mittelalterlichen Welt- und Menschenbildes als auch durch die Konfessionsspaltung.

dens bestehen sollte, an. Etwa zeitgleich postulierte 1306 Pierre Dubois bzw. Petrus de Bosco (1250-1320), ein Kronjurist Königs Philipp IV. von Frankreich, in seinem *Tractat de recuperatione Terrae Sanctae* einen Völkerverein der europäischen Staaten, an dessen Spitze ein Kongreß der verschiedenen Staatsoberhäupter stehen sollte.[24] Auch der hugenottische Minister des französischen Königs Heinrich IV., Maximilian Herzog von Sully (1560-1641), schlug in seinem im Rahmen seiner Memoiren publizierten *Grand Dessin* 1638,[25] den er fälschlicherweise König Heinrich (1589-1610) zugedichtet hatte, ähnlich wie bereits kurz nach Mitte des 15. Jahrhunderts unter dem Eindruck der Eroberung Konstantinopels durch die islamischen Türken der Burgunder Antonius Marini,[26]

---

24) Vgl. DURANT, Will: Das Zeitalter der Reformation. Eine Geschichte der europäischen Kultur von Wiclif bis Calvin (1300 bis 1564), 2. Aufl. Bern u. München 1962, S. 257 u. S. 262.

25) SULLY, Maximilian de BÉTHUME Duc de: Mémoires des sages et royales économies d'Estat domestiques, politiques et militaires de Henri le Grand, Amsterdam o. J.

26) Vgl. DUCHHARDT, Heinz: Gleichgewicht der Kräfte, Convenance, Europäisches Konzert. Friedenskongresse und Friedensschlüsse vom Zeitalter Ludwigs XIV. bis zum Wiener Kongreß, Darmstadt 1976, S. 159 = Erträge

wie De la Noue[27] und 1623 der Pariser Magister Emeric Crucé (1590-1648),[28] eine europäische Einigung in Form einer Föderation christlicher Staaten vor. Wie schon Petrus de Bosco, der die ständige Präsidentschaft im Fürstenkongreß seinem Landesherrn, König Philipp dem Schönen von Frankreich (1285-1314), zugedacht hatte, barg auch der *Grand Dessin* hegemoniale Absichten dahingehend in sich, als auch der Herzog von Sully die Führung der vorgeschlagenen Föderation der 15 etwa gleich starken christlichen Staaten Frankreich zugedacht hatte.[29] Ähnlich zu den

---

der Forschung, Bd. 56.

27) Vgl. SAMUEL, Wilhelm: Die Idee des Föderalismus. I. Bis zur Wende des 18. Jahrhunderts, Diss. Frankfurt am Main, (Halle) 1928, S. 16 f.

28) CRUCÉ, Émeric: Der Neue Kineas. Oder Abhandlung über die Gelegenheiten und Mittel, einen allgemeinen Frieden sowie die Freiheit des Handels auf dem ganzen Erdkreise zu begründen (1623), in: Ewiger Friede. Friedensrufe und Friedenspläne seit der Renaissance, S. 289 ff., v. Kurt von Raumer, Freiburg u. München 1953.

29) Vgl. RAUMER, Kurt von: Ewiger Friede. Friedensrufe und Friedenspläne seit der Renaissance, Freiburg u. München 1953, S. 62 ff., insbes. S. 70 f.
Vgl. auch SCHÄFER, Hermann: Europas Einheit: Herkunft, Ziel, Form, in: Europa als politische Idee und als rechtliche Form, S. 22 f., hrsg. v. Josef Isensee, Berlin 1993 = Wissenschaftliche Abhandlungen und Reden zur Philosophie, Politik und Geistesgeschichte, Bd. 19.

Gedanken des Petrus de Bosco sollten um 1464 nach den Vorstellungen des böhmischen Königs Georg von Podiebrad (1420-1471), angeregt insbesondere durch sein ihn beratendes Umfeld, Antonio Mazini und Gregor Heimburg, und wohl auch in Anbetracht der Schwäche des Reiches unter dem damaligen Kaiser Friedrich III. (1440-1493), eine Föderation aller souveränen europäischen Staaten mit eigenen Organen und eigener Vollzugsgewalt unter Verzicht auf ein eigenständiges Kriegsführungsrechts für die Einzelstaaten entstehen.[30)]

Ein System einer mittels föderativer Verträge aus aufeinanderfolgenden Stufen aufgebauten Gemeinschaft hatte der spätere Emdener Stadtsyndikus Johannes Althusius (1557-1638) in seinem bekannten Hauptwerk *Politica Methodice Digesta* im Jahr 1603 entworfen.[31)] So stellte für ihn das Dorf eine *consociatio*, d. h. Vereinigung, von Familien dar, die Stadt eine consociatio von Gilden, die Provinz eine consociatio von Dörfern und bzw. oder Städten, das Königreich eine

---

30) Vgl.: DURANT, S. 184 f.; SAMUEL, S. 14 f.

31) ALTHUSIUS, Johannes: Politica Methodice Digesta atque Exemplis Sacris et Profanis Illustrata, 1603.

consociatio von Provinzen und bzw. oder freien Städten und das Kaiserreich schließlich eine consociatio von Königreichen. Das im Vergleich zu früheren Modellen neue an diesem stufenweisen Aufbau des Gemeinwesens wäre gewesen, daß sich auch die politische Autorität stufenweise nicht von oben nach unten, sondern von unten nach oben aufbauen sollte.[32)]
Althusius' Föderalismus war nach heutiger Sicht weniger bundesstaatlich, sondern eher staatenbündisch.[33)]
Das über lange Zeit vergessene und erst durch den deutschen Staatsrechtler Otto von Gierke (1841-1921) wieder geläufiger gewordene Werk des J. Althusius nahm bereits das Subsidiaritätspostulat vorweg, da bei ihm der höhere Verband nur die Funktionen ausüben hätte dürfen, die die unteren Ebenen nicht er-

---

32) Zur Föderalismuskonzeption von Althusius siehe bei GERST, Rüdiger: Föderalismus in Europa: Zur Tradition und Aktualität eines staats- bzw. völkerrechtlichen Ordnungsprinzips, Bamberg 1997, S. 16 f.

33) Vgl.:
GIERKE, Otto von: Johannes Althusius und die Entwicklung der naturrechtlichen Staatstheorie, Aalen 1958;
FRIEDRICH, Carl J.: Nationaler und internationaler Föderalismus in Theorie und Praxis, in: Politische Vierteljahresschrift. Zeitschrift der Deutschen Vereinigung für Politische Wissenschaft, (PVS), V. Jahrg. 1964, (Köln und Opladen), 1964, S. 155 f.

füllen können hätten.[34)]

Einen recht konkreten Vorschlag für die Errichtung einer *Society of Nations* mit einem gesamteuropäischen Reichstag oder Parlament zur Herstellung einer gesamteuropäischen Friedensordnung unterbreitete der Quäker William Penn (1644-1718) in seiner 1693 erschienenen Schrift *An Essay towards the Present and Future Peace of Europe by the Establishment of a European Diet, Parliament or Estates.*[35)]

Für die damalige Zeit etwas realistischer forderte der Königsberger Philosoph Immanuel Kant (1724-1804) in seinem Entwurf *Zum ewigen Frieden* aus dem Jahr 1795,[36)] wohl in Anknüpfung an die von Gottfried

---

34) Vgl. BERBER, Friedrich: Das Staatsideal im Wandel der Weltgeschichte, 2. Aufl. München 1978, S. 366 ff.

35) PENN, William: Plan for the leage of Nations. An Essay towards the Present and Future Peace of Europe, Pennsylvania 1919.
Als deutsche Textübertragung dieses Essays: PENN, William: Ein Essay zum gegenwärtigen und zukünftigen Frieden von Europa durch Schaffung eines europäischen Reichstags, Parlaments oder Staatenhauses (1693), in: Ewiger Friede. Friedensrufe und Friedenspläne seit der Renaissance, S. 321 ff., v. Kurt von Raumer, Freiburg u. München 1953.

36) KANT, Immanuel: Zum ewigen Frieden. Ein philosophischer Entwurf, hrsg. v. Theodor Valentiner, Stuttgart 1973.

Wilhelm v. Leibniz (1646-1716) und auch von Abbé Charles Irenée Castel de Saint-Pierre[37)] (1658-1743), auf dessen Gedanken auch Jean-Jacques Rousseau (1712-1778) mit seiner Idee von einem christlichen Friedensbund rekurriert hatte,[38)] intensiv vertretene Friedensidee, einen Bund von Staaten mit dem Zweck der Sicherung des Friedens. Dieser Bund sollte dabei in Form eines Friedensvertrages mit sechs Präliminarartikeln und drei Definitivartikeln geschlossen wer-

---

37) ROUSSEAU, Jean Jaques: Auszug aus dem Plan des Ewigen Friedens des Herrn Abbé de Saint-Pierre 1756/1761, in: Ewiger Friede. Friedensrufe und Friedenspläne seit der Renaissance, S. 343 ff., v. Kurt von Raumer, Freiburg u. München 1953.
Der aus verarmten Landadel der Normandie stammende Abbé St. Pierre wollte für Europa eine Föderation, bestehend aus 24 Staaten, etabliert wissen, wobei ihm die mittelalterliche Reichsverfassung ein Vorbild war und als Beispiel für die Realisierungsfähigkeit diente. Dabei sollte jeder Staat mit mehr als 1,2 Millionen Einwohnern je einen Delegierten in die „Friedensstadt“ zum "Friedenssenat“ entsenden. Dieser Bund, dessen Verfassung auf einem zwölf Artikel umfassenden und nur einstimmig änderbaren Statut beruht hätte, sollte sich zur Wahrung seines republikanischen Charakters alle acht Tage durch den Friedenssenat einen anderen Präsidenten wählen. Auch ein rechtsverbindliches Bundesgericht mit einem aus Staatskontingenten zusammengesetzten Bundesheer als Exekutivgewalt war vorgesehen. Vgl. SAMUEL, S. 28 f., S. 31 Anm. 146, u. S. 32 f.

38) Vgl. SCHÄFER, S. 23.

den. Neu bei Kant war der Gedanke, daß die Friedenssicherung vom einzelnen, vom Individuum, ausgehen müsse. Besonders bemerkenswert für unsere Thematik ist hierbei, daß Kant in seinem zweiten Definitivartikel ausdrücklich ein föderalistisches System vorsah: „Das Völkerrecht soll auf einem Föderalismus freier Staaten gegründet sein.“ Föderalismus war für Kant also ein notwendiges Instrument der Friedenssicherung. Dieser Kant'sche Völkerbundsplan war schließlich von Johann Gottlieb Fichte (1762-1814) unter Ergänzung einer starken bündischen Exekutivgewalt rezipiert worden.[39)]

Auch in der Folgezeit wurden Gedanken an einen europäischen Zusammenschluß, wie sie etwa von Giuseppe Mazzini (1805-1872), Victor Hugo (1802-1885), Pierre Joseph Proudon (1809-1865) oder Konstantin Frantz (1817-1891) aus unterschiedlichen politischen Perspektiven heraus artikuliert worden waren,[40)] intensiv literarisch verfochten. So mancher Denker, wie

---

39) Vgl.: v. RAUMER, S. 151 ff., S. 162 ff. u. S. 166 ff.; UNSER, Günther: Die UNO. Aufgaben und Struktur der Vereinten Nationen, 2. Aufl. München u. Wien 1978, S. 16 f.; THEIMER, Walter: Geschichte der politischen Ideen, 4. Aufl. Bern u. München 1973, S. 176 ff. u. S. 192.

40) Vgl. SCHÄFER, S. 24.

etwa Konstantin Frantz, mußte innerhalb seines politischen Systems, das, wie in diesem Fall, von einem entstehenden nationalen Machtstaat geprägt war, mit seinen Theorien einer damals wenig zeitgemäßen übernationalen Orientierung[41)] gegen den Strom schwimmen.

An Vorschlägen für eine europäische Föderation zu erwähnen sind die im Rahmen der Weltfriedenskongresse zwischen 1889 und 1895 und den Konferenzen der Interparlamentarischen Union bis zum Ersten Weltkrieg diskutierten Ansätze. So forderte etwa Max Waechter um die Jahrhundertwende eine Konferenz der europäischen Großmächte zur Etablierung einer *Europäischen Föderation*. In dieser Föderation, in der ein einheitlicher Zolltarif und freier Kapitalverkehr herrschen sollte, wäre ein permanenter Ausschuß der Großmächte mit der Wahrung der Interessen Eu-

---

41) Die übernationale Haltung Frantzens wird exemplarisch deutlich in dem Kapitel „Unhaltbarkeit des Nationalitätsprincips" seines 1879 erschienen Werks: FRANTZ, Constantin: Der Föderalismus, als das leitende Princip für die soziale, staatliche und internationale Organisation, unter besonderer Bezugnahme auf Deutschland, kritisch nachgewiesen und construktiv dargestellt, Mainz 1879 (Neudruck Aalen 1962), S. 338 ff.
Vgl. FRANTZ, Constantin: Kritik aller Parteien, Berlin 1862, insbes. auch S. 258.

ropas betraut gewesen. Zur Realisierung der Europäischen Föderation sollte zunächst ein Kernbund Deutschlands und Großbritanniens, dem auch Frankreich beitreten sollte, die Basis bilden.[42)] Am Vorabend des Ersten Weltkrieges flossen angesichts der internationalen Verflechtungen und erkennbaren Aufrüstung in die bestehenden Europaföderationspläne nunmehr stärker die Ideen einer globalen „League of Peace" ein, die jetzt auch vor allem die USA und Japan einbezogen. So sagte während des Ersten Weltkrieges der gelernte Historiker und damalige amerikanische Präsident Thomas Woodrow Wilson (1856-1924) im Mai 1916 der eben gegründeten *American League to Enforce Peace* seine politische Unterstützung für die Gründung eines Völkerbundes zu.[43)] Tatsächlich forderte Wilson im Dezember 1916

---

42) Vgl. GRUNER, Wolf D.: Kriegsverhütung und Friedenssicherung durch überstaatliche Organisationen: Anmerkungen zur Diskussion vor dem und im Ersten Weltkrieg, in: Politischer Wandel, organisierte Gewalt und nationale Sicherheit. Beiträge zur neueren Geschichte Deutschlands und Frankreichs. Festschrift für Klaus-Jürgen Müller, S. 80 ff., hrsg. v. Ernst Willi Hansen, Gerhard Schreiber u. Bernd Wegner, München 1995 = Beiträge zur Militärgeschichte, hrsg. v. Militärgeschichtlichen Forschungsamt, Bd. 50.

43) Vgl. GRUNER, S. 84 ff.

die kriegsführenden Parteien zur Schaffung eines der Friedenssicherung und der Gerechtigkeit verpflichteten Völkerbundes auf.[44)]

2. Die realpolitische Tradition des Föderalismus in Europa und im deutschen Raum

Das 19. Jahrhundert brachte für den deutschen Raum und Europa schließlich neben theoretischen Auseinandersetzungen um das Ziel eines europäischen Zusammenschlusses auch neue staatenübergreifende föderalistische Konstruktionen mit realpolitischer Umsetzung[45)] hervor: So baute ein Schüler Kants, der Journalist und Berater Metternichs Friedrich von Gentz (1764-1832), wenn auch in prononciert kon-

44) Zur Gründung des Völkerbundes vgl. weiter unten.

45) In diesem Zusammenhang darf nicht übersehen werden, daß es letztlich die europäische Aufklärung und in Europa wurzelnde Föderativvorstellungen gewesen waren, welche bereits im letzten Viertel des 18. Jahrhundert im Zuge der Gründung der Vereinigten Staaten von Amerika einen konkreten verfassungspolitischen Niederschlag in der Neuen Welt gefunden hatten. Diese Verfassung der Vereinigten Staaten von Amerika bot wiederum ein anschauliches und reales Modell für die Verfassungsdiskussionen in Europa.

servativer Hinsicht, an der insbesondere vom russischen Zaren Alexander I. Pawlowitsch (1777-1825)[46] und vom österreichischen Staatskanzler Klemens Fürst von Metternich (1773-1859) initiierten *Heiligen* bzw. *Großen Allianz* des nachnapoleonischen Europas mit.[47] Wie die Heilige Allianz in ideologischer, so bot die Große Allianz in realpolitischer Weise konkrete Ansätze einer konservativ europäischen Ordnung mit dem Effekt der Friedensbewahrung, die immerhin im großen und ganzen von 1815 bis zum Ausbruch des Krimkrieges 1853/54, allerdings unter Unterdrückung freiheitlicher Bestrebungen, erhalten worden war.[48]

---

46) Zar Alexander hatte dabei 1815 auf sein schon 1804 entwickeltes, besonders auf den Denkschriften des Florentiner Weltbürgers Abbé Scipione Piattoli sowie seines Außenministers Czartoryski basierendes Programm zurückgreifen können . Vgl. DUCHHARDT, S. 131 u. S. 149 ff.

47) In diesem Zusammenhang sei beispielsweise verwiesen auf die Denkschrift von Friedrich GENTZ: Über den ewigen Frieden (1800), in: Ewiger Friede. Friedensrufe und Friedenspläne seit der Renaissance, S. 461 ff., v. Kurt von Raumer, Freiburg u. München 1953; vgl. allg. v. RAUMER, S. 174 ff.

48) Zudem gab es in Europa bereits auch staatenübergreifende ständige Organe, wie beispielsweise die permanente Botschafterkonferenz in London, die im Sinne der Friedens- und Rechtswahrung die Umsetzung der bilateralen Abkommen zur Beseitigung des Sklaven-

Die Allianzen der ersten Hälfte des 19. Jahrhunderts stellten allerdings nicht die ersten Ordnungsmodelle bzw. Ordnungsprinzipien in europäischer Dimension dar: So ist seit etwa 760, also schon seit vor der Zeit Karls des Großen (768-814), am fränkischen Hof - von intellektuellen Kreisen ausgehend - die Tendenz nachweisbar, für das *Fränkische Reich* die Bezeichnung „Europa" einzuführen. Mit der Kaiserkrönung Karls des Großen, der sich auch „pater europae" nennen ließ,[49] Weihnachten 800 durch Papst Leo III. (795-816) wurde schließlich die römische Kaiserwürde mit ihrem universellen Herrschaftsanspruch auf das Oberhaupt des fränkischen Reiches transferiert. Damals war der Gedanke *Europa* vom *Reichs*begriff und die Kaiserwürde in konkretisierter Form gewissermaßen absorbiert und repräsentiert worden.[50] In den folgenden Jahrhunderten sollte sich in größter Bedeutung für die Entwicklung Europas das aus dem

---

handels zu überwachen hatte. Vgl. DUCHHARDT, S. 151.

49) Vgl. SCHÄFER, S. 19 f.

50) Vgl. KUGELE, Dieter: Europa zwischen Idee und Wirklichkeit - eine kleine Geschichte der Europäischen Idee, in: KUGELE, Dieter, GÜNTER, Gerhard, KLEY, Karl-Ludwig: Die europäische Einigung. Utopie, Chance oder Notwendigkeit, München 1979, S. 17 ff.

fränkischen Kaiserreich erwachsende *Heilige Römische Reich deutscher Nation* etablieren, das zum einen dem mitteleuropäischen Raum bis 1806 konkret einen Verfassungsrahmen bot und zum anderen in ideologischer Hinsicht mit dem Universalismus der Reichsidee einen wenigstens im Mittelalter allgemein konsensfähigen Anspruch auf Integration und Führung innerhalb des christlichen Abendlandes erhob, indem es die beiden Sphären von *imperium* und *sacerdotium* miteinander verknüpfte. Wenn auch spätestens durch die Ereignisse der Reformation[51)] und dem Augsburger Religionsfrieden von 1555 als ihrem verfassungspolitischem Schlußpunkt die Einheit von Kirche und Reich nicht mehr gegeben war, so sicherte das *Alte Reich* aber durch seine Verfassungsstruktur in seinem Herrschaftsbereich, auch oder sogar insbesondere nach dem Westfälischen Frieden von

---

51) Im Zusammenhang mit der damaligen Auflösung der engen Verbindung von christlicher Religion und weltlicher Ordnung überhaupt sind auch die gewaltigen Auswirkungen von Renaissance und Aufklärung zu beachten. Vgl. FORNDRAN, Erhard: Religion und Politik – Eine einführende Problemanzeige, in: Religion und Politik in einer säkularisierten Welt, S. 31 f., hrsg. v. Erhard Forndran, Baden-Baden 1991 = Veröffentlichungen der Deutschen Gesellschaft für Politikwissenschaft (DGfP), Bd. 9.

1648, bis zu seinem Erlöschen eine föderative[52] politische Grundordnung: Im *Reichstag* verfügten die Territorien des Reiches ohne eine verengende nationale Abschließung[53] über ein Instrument zur Artikulation und Repräsentation ihrer Interessen, aber auch zur Partizipation an der politischen Gesamtwillensbildung und an der Verantwortung für das ganze Reich. Seit 1663 war der vorher periodisch tagende Reichstag, dem nicht nur in der zeitgenössischen Staatsrechtslehre ein intensiv friedenswahrender Charakter zuerkannt worden war, schließlich zu einem permanen-

---

52) Wesentlich mit dazu beigetragen, daß sich – etwa im Unterschied zu Frankreich – das Alte Reich nicht zu einer absoluten Monarchie entwickelte, sondern starke Territorialgewalten wahrte, hatte der wahlmonarchische Charakter des Reiches: Die Wahl des Kaisers durch die Kurfürsten verhinderte im Zusammenhang mit dem mit ihr verbundenen Instrument der Wahlkapitulationen der jeweiligen künftigen Kaiser, daß sich das Machtgefüge im Reich zugunsten der kaiserlichen Gewalt und zu Lasten der Reichsfürsten verschieben konnte. Vgl. auch Fn. 61.

53) Dies ist umso mehr zu würdigen, als bereits während des Spätmittelalters ein nationales Selbstverständnis ethnischer Volksgruppen Raum gegriffen hatte. Dies zeigt sich beispielsweise in den erstmaligen Abstimmungsverfahren nach Nationen auf den Konstanzer und Baseler Konzilien und in der Gliederung der Studentenschaften spätmittelalterlicher Universitäten in „nationes“, d. h. Landsmannschaften.

ten Verfassungsorgan in Regensburg geworden, in dem weisungsgebundene Gesandte ihre Territorialherren vertraten.[54)]

Über den konkreten Herrschaftsrahmen des Heiligen Römischen Reiches deutscher Nation hinaus wirkten im damaligen abendländischen Europa aber durchaus noch weitere territorien- bzw. staatenübergreifende Institutionen mit zum Teil gewaltigem unmittelbaren oder informalen Einfluß im Sinne einer realpolitischen oder werteorientierten Gemeinschaft: Als Beispiele sei hier zunächst überhaupt auf die vom

---

54) Vgl. beispielsweise FÜRNROHR, Walter: Der Immerwährende Reichstag zu Regensburg. Das Parlament des Alten Reiches. Zur 300-Jahrfeier seiner Eröffnung 1663, 2. Aufl. Regensburg u. Kallmünz 1987.
Trotz einer stärkeren Beachtung des Reichstages des Alten Reiches in der jüngeren Forschung (vgl. Arbeiten von Rosemarie Aulinger, Karl Otmar Frhr. v. Aretin, Heinz Angermeier, Fritz Blaich, Heinz Duchhardt, Helmut Neuhaus, Peter Moraw, Winfried Schulze, Katrin Bierther, Anton Schindling, Albrecht P. Luttenberger, Maximilian Lanzinner, Andreas Müller, Karl Härter etc.) wirkt auch in den letzten Jahrzehnten, nicht zuletzt bedingt durch die protestantisch geprägte Tradition der großpreußisch-kleindeutschen Historiographie des Zweiten Deutschen Kaiserreiches, eine Geringbewertung des Reichstages als wesentlicher Untersuchungsgegenstand für die historische bzw. politikwissenschaftliche Parlamentarismus- und Föderalismusforschung nach. Der Verfasser wird deshalb eine umfangreichere historisch-politische Funktionsanalyse des Reichstages des Alten Reiches vorlegen.

Papst geleitete römisch-katholische Kirche mit ihrer umspannenden Diözesenstruktur[55] sowie auch auf die Ordensverbände und -kongregationen des katholischen Ordenswesen[56] mit seinen teilweise pointiert föderativen Elementen hingewiesen. In diesem Zusammenhang darf nicht übersehen werden, daß viele Bistümer wie auch Klöster nicht nur über die geistliche Kompetenz, sondern auch über die weltliche Herrschaftsgewalt verfügt hatten. Hinzu kommt, daß der Papst auch gegenüber verschiedenen weltlichen europäischen Königen und Fürsten die Lehenshoheit beanspruchen konnte[57] und von vielen euro-

---

55) Eine deutliche föderalistische Dimension hinsichtlich der in Diözesen gegliederten katholischen Kirche beinhalteten immer auch die Synoden auf Diözesan- bzw. Provinzialebene sowie die Konzilien auf gesamtkirchlicher Ebene, wodurch Repräsentanten nachgeordneter kirchlicher Instanzen an der Willensbildung der übergeordneten Ebenen bzw. an der Gesamtverantwortung mitwirken konnten.

56) Vgl. allg. FRANK, Karl Suso: Geschichte des christlichen Mönchtums, Darmstadt 1988, S. 51 ff. u. insbes. S. 66 ff. u. S. 86 ff.

57) Vgl. KOLLER, Alexander: Der Konflikt um die Obödienz Rudolfs II. gegenüber dem Hl. Stuhl, in: Kurie und Politik. Stand und Perspektiven der Nuntiaturberichtsforschung, S. 149 ff., hrsg. v. Alexander Koller, Tübingen 1998 = Bibliothek des Deutschen Historischen Instituts in Rom, Bd. 87.

päischen Ländern mit dem Peterspfennig eine Devotionsabgabe erhielt.[58] Weitere oftmals überstaatliche Zusammenschlüsse bot das europäische Ritterwesen: Als Verbindung von geistlichem Mönchtum und Rittertum sind die im Zuge der europäischen Kreuzzugsbewegung entstandenen Ritterorden zu sehen, die jeweils unter einem Hoch- oder Großmeister Provinzen, Priorate und Komtureien sowohl im Heiligen Land als auch in den verschiedensten europäischen Ländern unterhielten, bis sie schließlich mit ihrer Verdrängung aus dem vorderen Orient im Rahmen des Prozesses einer territorialen Konzentration geschlossene Staatsgebiete bildeten. Aber auch das weltliche Rittertum des Abendlandes kannte seine übernationalen Zusammenschlüsse bzw. Organisationsformen, welche im Spätmittelalter mit der diplomatischen Institution der *Herolde* und *Wappenkönige* korrespondierten: Bereits im Hochmittelalter war das - später im abendländischen Europa allgemein anerkannte - Amt des Heroldes aufgetaucht, der zunächst über das Wappenwesen der Ritter zu wachen und schließlich,

---

58) Vgl. SPRANDEL, Rolf: Verfassung und Gesellschaft im Mittelalter, 2. Aufl. Paderborn, München, Wien u. Zürich 1978, S. 233 ff. u. S. 278 ff.

vor allem im Kriegsfall, als Bote mit persönlicher Immunität diplomatische Aufträge seines Landesherrn zu erfüllen hatte. Später konnte sich das Heroldswesen unter der Leitung von eigenen Wappenkönigen als eine Art praediplomtische Einrichtung in Westeuropa etablieren. So hatten sich westlich des Rheines, nicht zuletzt zur Organisation territorienübergreifender ritterlicher Turniere und des adligen Wappenwesens überhaupt, die zwei großen Adelsprovinzen der „Ruyers“ für den germanischen und der „Poyers“ für den gallischen Adel gebildet. Die Mark der Poyers beispielsweise gliederte sich wiederum in die drei Turnierprovinzen der „Poyers“, der „Champagner“ und der „Aquitanier“, welche sich insgesamt wieder nach geographischen Gesichtspunkten in zwölf *Marches* bzw. Wappenkönigreiche unterteilten.[59]
Deutlich föderalistische Elemente enthielt aber vor allem auch das staatsgrundlegende abendländisch-mittelalterliche Organisationsprinzip des Lehenswesens[60] in seiner vertragsanalogen Natur durch die

59) Vgl. NEUBECKER, Ottfried: Heraldik. Wappen - Ihr Ursprung, Sinn und Wert, Frankfurt am Main 1977, S. 10 ff. u. S. 20 sowie SPRANDEL, S. 155 f., S. 241 u. S. 282 ff.

60) Hierzu vgl. beispielsweise MITTEIS, Heinrich: Lehnrecht und Staatsgewalt. Untersuchungen zur mittelalter-

gegenseitige Treuepflicht von Lehensherr und Vasall, weist dieses doch bereits auf das gegenseitige Verpflichtet- und Verbundensein von staatlichen Einheiten verschiedener Hierarchieebenen im heutigen Föderalismus hin. Zudem kannte gerade das mittelalterliche Lehenssystem nicht nur die Lehenspyramide innerhalb einzelner Territorien bzw. Frühstaaten, sondern auch Lehensverhältnisse zwischen Königen selbst, zwischen Königen und dem Kaiser sowie zwischen Königen und dem Papst etc., wobei diese Lehensverhältnisse immer auch Ausdruck von Bündnissystemen von Landesherren in europäischer Dimension gewesen waren.[61)]

Weitere staatenübergreifende Einrichtungen mit zeitweise erheblichem politischen Einfluß, insbesondere für das in seiner Bedeutung wachsende europäische Bürgertum, waren die Instrumente der Städtebünde

---

lichen Verfassungsgeschichte, Darmstadt 1974.

61) Im Reich hat der seit 1180 sich durchsetzende und im Sachsenspiegel zum Reichsrecht erhobene Leihezwang für Fahnenlehen, nach dem der König bzw. Kaiser binnen Jahr und Tag ein heimgefallenes Fahnenlehen wieder verleihen mußte, in Verbindung mit der Option der Reichsfürsten, erledigte Lehen als Eigentum einziehen zu können, zu einer strukturellen Schwächung der Königsmacht gegenüber den Fürsten geführt. Vgl. auch Fn. 52.

gewesen. Ein bedeutendes Beispiel hierfür ist die *Hanse*, welche mit Lübeck als Vorort eine Vereinigung von Städten verschiedener Rechtsstellung insbesondere des nördlichen Reichsgebietes sowie des Ost- und Nordseeraumes darstellte. Wesentliches Organ der Hanse war ihr seit 1356 regelmäßig zusammentretender Hansetag, welcher zum Schutz ihrer Kaufleute und derer Interessen sowie zur Erhaltung des Friedens auch mit militärischen Mitteln die zustimmenden Städte bindende Beschlüsse, die *Hanserezesse*, faßte.[62]

Nach dem Ende des *Alten Reiches* im Jahr 1806, das eine ganze Reihe der angesprochenen mittelalterlichen Strukturelemente auf seinem mitteleuropäischen Gebiet bis ins 19. Jahrhundert tradiert hatte, wirkte dessen föderalistische Tradition über den *Rheinbund* von 1806 bis 1813 fast nahtlos fort im Verfassungssystem des *Deutschen Bundes* von 1815 bis 1866. Insofern bestätigt sich so die Charakterisierung von Louis Le Fur aus dem Jahr 1896, daß Deutschland, wie in der Antike Griechenland, „la terre classique des con-

---

62) Vgl. HENNING, Friedrich-Wilhelm: Das vorindustrielle Deutschland 800 bis 1800, 3. Aufl. Paderborn 1977, S. 158 ff. sowie SPRANDEL, S. 289 ff.

federatios"[63] sei.

Auch im Deutschen Bund waren die Gliedstaaten des Bundes, ähnlich wie im Reichstag des Alten Reiches, durch weisungsgebundene Bevollmächtigte in der *Bundesversammlung* zu Frankfurt am Main, dem einzigen Verfassungsorgan des Bundes, repräsentiert. Im übrigen verfügte der Deutsche Bund, bei dem die Mitgliedsstaaten kein Austrittsrecht hatten,[64] dadurch und beispielsweise durch seine recht scharfen Instrumente der Bundesintervention[65] und Bundesexekution[66] sowie durch die prinzipielle Möglichkeit einer mehrheitlichen Abstimmung in der Bundesversammlung[67] über eine viel stärkere bundesstaatliche

---

63) LE FUR, Louis: Etat Fédéral et Confédération d'Etats, Paris 1896, S. 81.

64) Art. V WSA: „Der Bund ist als ein unauflöslicher Verein gegründet, und daher kann der Austritt aus diesem Verein keinem Mitgliede desselben freistehen."

65) Art. XXV mit XXVIII WSA.

66) Art. XXXII mit XXXIV WSA.

67) Im Engeren Rat wurden die Beschlüsse mit absoluter Mehrheit und im Plenum mit 2/3-Mehrheit gefaßt. Bestimmte Angelegenheiten, wie beispielsweise die Änderung der Bundesgrundgesetze oder Religionsangelegenheiten, waren dabei allerdings - im völkerrechtlich-staatenbündischen Sinn - dem übereinstimmenden Beschluß der Bundesversammlung vorbehalten. Art. VII

Dimension, als ihm dies in der Literatur als „loser Staatenbund“ gemeiniglich zuerkannt wird. Vom Reichstag des Alten Reiches und der Bundesversammlung des Deutschen Bundes über das Staatenhaus des Paulskirchenverfassungsentwurfs von 1849 sowie den Bundesrat des Norddeutschen Bundes und des Zweiten Deutschen Kaiserreiches bis zum Reichsrat der Weimarer Republik zieht sich der kontinuierliche Spannungsbogen der Traditionslinie des *Bundesrates* der Bundesrepublik Deutschland.[68)] Die Verfassungsväter des Grundgesetzes schufen nach diesbezüglich harten Kontroversen im Herrenchiemseer Verfassungskonvent und mehr noch im Bonner Parlamentarischen Rat durchaus in bewußter Anknüpfung an seine historischen Vorbilder keine Senatslösung, sondern bestimmten wieder einen aus weisungsgebundenen Bevollmächtigten ihrer Landesregierungen bestehenden Bundesrat als föderatives Organ.[69)] Doch nicht nur mit der Bundesrepublik

---

DBA.

68) Der Vortragende wird hierzu eine eigene Untersuchung vorlegen.

69) Mit der Problematik des Föderalismus bei der Entstehung der Bundesrepublik Deutschland befaßt sich die Dissertation des Referenten.

Deutschland, deren Areal ganz im vormaligen Heiligen Römischen Reich deutscher Nation enthalten ist, wurde auf dem ehemaligen Reichsterritorium eine föderative Ordnung tradiert. Auch in anderen einmal zum Alten Reich und damit zu europäischem Kerngebiet zählenden Territorien hatten sich föderalistische Ordnungsmodelle etablieren können. Als klassische Beispiele können hier die Niederlande und die Schweiz gelten,[70)] aber auch Österreich und gerade in jüngerer Zeit das Königreich Belgien.

---

70) Vgl. FORSYTH, Murray: Unions of States. The Theory and Practice of Confederation, New York 1981, S. 17 ff.

IV. Aktuelle Entwicklungstendenzen eines europäischen Föderalismus - Auswirkungen und Konsequenzen für den innerdeutschen Föderalismus und die deutschen Bundesländer

1. Supranationale Zusammenschlüsse im 20. Jahrhundert – Entwicklung zur EU

Mit dem Ende des Ersten Weltkrieges war es, nachdem die um die Jahrhundertwende diskutierten Vorschläge einer europäischen Föderation keine Umsetzung gefunden hatten, im Rahmen des 1919/1920 eingerichteten Völkerbundes zu einer internationalen, aber auch viele europäische Staaten umfassende Staatengemeinschaft mit dem Hauptzweck der Friedenssicherung gekommen.[71)]

Als Konsequenz aus dem Zweiten Weltkrieg fand nicht nur das in der Praxis gescheiterte Völkerbundsprojekt eine nunmehr weltumspannende Fortsetzung in den *United Nations (Organization) UN(O)*, sondern es

---

71) Vgl. PFEIL, Alfred: Der Völkerbund. Literaturbericht und kritische Darstellung seiner Geschichte, Darmstadt 1976 = Erträge der Forschung, Bd. 58.

wurden für Europa eine Reihe von Zusammenschlüssen europäischer, der abendländisch-westlichen Wertegemeinschaft verbundener Staaten auf vertraglicher Basis mit den friedenssichernden und wohlstandsschaffenden Zielen der Vertiefung der europäischen Zusammenarbeit sowie der europäischen Einigung etabliert, so 1949 der *Europarat*[72)], 1951 *die Europäische Gemeinschaft für Kohle und Stahl (EGKS)* bzw. *Montanunion*[73)], 1957 die *Europäische Wirtschaftsgemeinschaft (EWG)* [74)] und die *Europäische Atomgemeinschaft (Euratom)* [75)]. Die drei letztgenannten Organisationen mündeten als *Europäische Gemeinschaft(en) EG*[76)] schließlich mit dem Maastrichter

---

72) Satzung des Europarats, London, 5.5.1949.

73) Vertrag über die Gründung der Europäischen Gemeinschaft für Kohle und Stahl. Vom 18. April 1951 (BGBl. 1952 II S. 447).

74) Vertrag zur Gründung der Europäischen Wirtschaftsgemeinschaft (EWGV). Vom 25. März 1957 (BGBl. II S. 766).

75) Vertrag zur Gründung der Europäischen Atomgemeinschaft EURATOM). Vom 25. März 1957 (BGBl. II S. 1014).

76) Abkommen über gemeinsame Organe für die europäischen Gemeinschaften. Vom 25. März 1957 (BGBl. II S. 1156).
Vertrag zur Einsetzung eines gemeinsamen Rates und

„Vertrag über die Europäische Union“ (EUV) vom 7. Februar 1992 unter gleichzeitigem Fortbestehen der EG[77] in die *Europäische Union (EU)*[78].

---

einer gemeinsamen Kommission der Europäischen Gemeinschaften. Vom 8. April 1965 (BGBl. II S. 1454). Einheitliche Europäische Akte (EEA). Vom 28.2.1986 (BGBl. II S. 1102).

Zur Entwicklungsgeschichte der EG und ihrer institutionellen Struktur vgl. beispielsweise LASOK, D. u. BRIDGE, J. W.: Law and Institutions of the European Communities, 4. Aufl. London 1987.

77) Zwar verfügen *EU* und *EG* über gemeinsame Organe, aber es bestehen formal durchaus unterschiedliche Aufgabenbereiche von EU und EG. Während maßgebliche Schwerpunkte der EU etwa die Bereiche der Außen- und Sicherheitspolitik darstellen, bilden wichtige Arbeitsbereiche der EG u. a. die Agrar- und Strukturpolitik, der Binnenmarkt, der Außenhandel, die Wirtschafts- und Währungsunion, weiterhin Beschäftigungspolitik, Sozialpolitik, Gesundheitswesen, Verbraucherschutz, Ausbildung, Jugendprogramme, Kultur, Forschung, Umwelt, Verkehr. Essentielle Gegenstände der im EUV vereinbarten Zusammenarbeit der Regierungen auf den Gebieten der Justiz und der Innenpolitik werden durch den AV in den Aufgabenbereich der EG überführt.

78) Art. 8 (ex-Art. G) des EUV: Bestimmungen zur Änderung des Vertrags zur Gründung der Europäischen Wirtschaftsgemeinschaft im Hinblick auf die Gründung der Europäischen Gemeinschaft (EGV).

2. Föderalismus und Subsidiaritätsprinzip in den europäischen Vertragswerken

In Zusammenhang mit dem Prozeß der europäischen Einigung im Rahmen der EG bzw. EU ist der Gebrauch des Föderalismusbegriffs, der im Gegensatz zur deutschen Lesart in der anglo-amerikanischen Interpretation eher in Richtung auf eine Stärkung der Einheit zielt,[79)] nahezu auf den Subsidiaritätsbegriff reduziert worden: So ist das Prinzip der Subsidiarität, das durchaus mit der christlich-abendländischen Tradition Europas korrespondiert und durch Papst Pius XI. in seiner Enzyklika „quadragesimo anno" vom 15. Mai 1931 postuliert worden war, in der Präambel[80)] des Maastrichter Vertrages und im durch

---

79) Daher wurde mit Rücksicht auf Großbritannien selbst der Begriff „föderal" im Maastrichter Vertragswerk kein einziges Mal verwandt. Vgl. THIEL, Elke: Europa nach Maastricht: Optionen für gesamteuropäische Strukturbildungen, in: Ungarn im neuen Europa. Integration, Transformation, Markteintrittsstrategien, S. 19, hrsg. v. Johann Engelhard, Wiesbaden 1993.

80) „Entschlossen, den Prozeß der Schaffung einer immer engeren Union der Völker Europas, in der die Entscheidungen entsprechend dem Subsidiaritätsprinzip möglichst bürgernah getroffen werden, weiterzuführen,... ." Präambel EUV.

diesen Maastrichter Vertrag um den Art. 3 b (jetzt Art. 5 EGV) ergänzten EG-Vertrag[81)] als Handlungsprinzip der Europäischen Gemeinschaft festgeschrieben worden: „In den Bereichen, die nicht in ihre ausschließliche Zuständigkeit fallen, wird die Gemeinschaft nach dem Subsidiaritätsprinzip nur tätig, sofern und soweit die Ziele der in Betracht gezogenen Maßnahmen auf Ebene der Mitgliedsstaaten nicht ausreichend erreicht werden können und daher wegen ihres Umfangs oder ihrer Wirkungen besser auf Gemeinschaftsebene erreicht werden können. Die Maßnahmen der Gemeinschaft gehen nicht über das für die Erreichung der Ziele dieses Vertrags erforderliche Maß hinaus."[82)]

---

81) Vertrag zur Gründung der Europäischen Wirtschaftsgemeinschaft. Vom 25. März 1957 (BGBl. II S. 766), ergänzt durch Art. 8 (ex-Art. G) EUV im Hinblick auf die Gründung einer Europäischen Gemeinschaft; daher Bezeichnung des Vertrages seither als „EGV".
Nochmalige Ergänzung erfuhr der EGV durch den Vertrag von Amsterdam zur Änderung des Vertrages über die Europäische Union, der Verträge zur Gründung der Euro-päischen Gemeinschaften sowie einiger damit zusammenhängender Rechtsakte, v. 2. Oktober 1997, Bulletin Nr. 94 v. 27.11.1997, S. 1089 ff. Nach der mittlerweile erfolgten Ratifizierung des AV durch die Mitgliedsstaaten gilt nunmehr die konsolidierte Fassung des EGV mit neuer Artikelnumerierung.

82) Art. 5 (ex-Art. 3 b) EGV.

So ist bislang das Subsidiaritätsprinzip, das zwar *eine* wesentliche Legitimationsgrundlage für das Verfassungsstrukturprinzip „Föderalismus" darstellt, verankert worden, eine vertrags- bzw. verfassungsrechtliche Ausgestaltung eines demokratischen und konkreten „Föderalismus" ist aber noch nicht erfolgt. Schon insofern wird, gerade auch in Anbetracht der deutschen Erfahrungen mit dem daher in der Literatur als „trojanisches Pferd des Zentralismus" bezeichneten Art. 72 Abs. 2 GG,[83] allgemein angezweifelt, ob die Normierung eines Prinzips hinreichend justitiabel sein kann.[84] In diesem Zusammenhang sehen entspre-

---

83) Vgl. hierzu näher ELLWEIN/HESSE, S. 79.
Es steht zu bezweifeln, ob daran auch die auf Empfehlung der Gemeinsamen Verfassungskommission nach heftigen Debatten 1994 im föderalistischen Interesse vorgenommene Verfassungsänderung des Art. 72 Abs. 2 Nr. 3 GG, bei der das Postulat der „Einheitlichkeit der Lebensverhältnisse" in „gleichwertige Lebensverhältnisse" abgeschwächt worden war, viel gebessert hat. Vgl.: STURM, Föderalismus in Deutschland, S. 339; SCHMALENBACH, S. 86 ff. u. S. 103 ff.; LEONARDY, Uwe: Deutscher Föderalismus jenseits 2000: Reformiert oder deformiert, in: ZParl, 30. Jahrg. 1999, 1/99, S. 150 f.

84) Vgl.: SCHACHTSCHNEIDER, Karl Albrecht: Die Europäische Union und die Verfassung der Deutschen, in: APuZ, B 28/93, 9. Juli 1993, S. 10, (Bonn) 1993; RENZSCH, Wolfgang: Die Subsidiaritätsklausel des Maastrichter Vertrages: Keine Grundlage in einer Euro-

chende Vertreter innerhalb der wissenschaftlichen Diskussion in der Heterogenität der EU-Mitgliedsstaaten ein tiefgreifendes Problem für die Anwendbarkeit der Subsidiaritätsklausel: Was in dem einen EU-Staat auf nationaler Ebene geregelt werden kann, ist möglicherweise in einem anderen Mitgliedsstaat ohne europäische Hilfe nicht erreichbar. Dabei fänden sich in manchen Fällen einzelne Staaten schon aus Gründen der Finanzierung bereit, der Union Zuständigkeiten einzuräumen.[85)] Andererseits basieren auf deutscher Seite Hoffnungen in die juristische Umsetzbarkeit des Subsidiaritätsprinzips auf der Interpretation des Bundesverfassungsgerichtsurteils vom 12. Oktober 1993 über den Maastrichter Vertrag, wonach die Union nachweisen müsse, daß deren Ziele nicht ausreichend auf nationaler Ebene erreichbar wären.[86)] Tatsächlich

päischen Politischen Union, in: ZParl, 24. Jahrg. 1993, 1/93, S. 104 ff., insbes. S. 110 ff. u. S. 114 ff.

85) So urteilt z. B. RENZSCH, Subsidiaritätsklausel, S. 113 f.

86) So beispielsweise der bayerische Ministerpräsident Dr. Edmund Stoiber in seiner Regierungserklärung v. 22. Oktober 1993 vor dem Bayerischen Landtag.
Bereits mit seiner Entscheidung vom 11. April 1989 hatte das Bundesverfassungsgericht deutlich gemacht, daß es sich durchaus für berechtigt hält, Kompetenzmißbrauch durch die Europäischen Gemeinschaften zu vereiteln. Vgl. KISKER, Gunter: Das Bundesverfassungsge-

wurde auch in dem am 2. Oktober 1997 von den 15 Außenministern der EU-Staaten unterzeichneten Vertrag von Amsterdam festgeschrieben, daß die Beweislast für die Notwendigkeit einer Tätigkeit der EU in Bereichen, in denen sie nicht ausschließlich kompetent ist, grundsätzlich bei der EU liegt.[87] Inwiefern diese vertragliche Festlegung der Beweislast das Subsidiaritätsprinzip realiter in konkreten Fällen wirkungsvoll schützen kann, wird aber die Praxis zeigen müssen.

---

richt als Hüter der bundesstaatlichen Ordnung, in: Föderalismus in der Bewährungsprobe: Die Bundesrepublik Deutschland in den 90er Jahren, S. 70, hrsg. v. Arthur B. Gunlicks u. Rüdiger Voigt, 2. Aufl. Bochum 1994 = Mobilität und Normenwandel, Bd. 9.

87) Protokoll (zum Vertrag über die Gründung der Europäischen Gemeinschaft) über die Anwendung der Grundsätze der Subsidiarität und der Verhältnismäßigkeit (1997).
Zudem wurden durch Ziffer 1 dieses Protokolles die Gemeinschaftsorgane hinsichtlich der Ausübung ihrer Befugnisse ausdrücklich auf die Gewährleistung der

3. Der Ausschuß der Regionen und seine föderalismusrelevante Bedeutung für die deutschen Bundesländer

Im Sinn einer föderalistisch-demokratischen Weiterentwicklung kann auch die durch den Maastrichter Vertrag mit Einfügung des Art. 198 a (jetzt Art. 263 EGV) in den EG-Vertrag vorgenommene Einrichtung einer Kammer der Regionen[88)] als „... beratender Ausschuß aus Vertretern der regionalen und lokalen Gebietskörperschaften, ..."[89)] lediglich als *ein* Schritt für die Etablierung eines Verfassungsstrukturprinzips

---

Einhaltung des Subsidiaritätsprinzipes festgelegt.

88) Eine Art institutioneller Vorläufer war der 1988 errichtete Beirat der regionalen und lokalen Gebietskörperschaften bei der Kommission gewesen. Am 21. April 1994 war dieses Gremium, das weitgehend auf die Beratung der Kommission hinsichtlich der europäischen Regionalpolitik beschränkt war und das in der Praxis auch an seiner heterogenen Struktur krankte, wieder aufgelöst worden. Vgl. WIENHUES, Sigrid: Kommunale Selbstverwaltung in einer Europäischen Union. Deutsche Gemeinden und spanische „municipios" im europäischen Integrationsprozeß, Heidelberg 1996, S. 264 ff.; MIETZSCH, Oliver: Institutionalisierte Interessenvertretung der Regionen und Kommunen in der EU. Eine Bilanz des Ausschusses der Regionen, in: APuZ, B 25-26/98, 12. Juni 1998, (Bonn) 1998, S. 34 f.

89) Art. 263 (ex-Art. 198 a) EGV.

„Föderalismus“ interpretiert werden, denn der EGV sieht weder echte und unabweisbare maßgebliche politische Kompetenzen für den *Ausschuß der Regionen (AdR)* vor,[90] noch ist die Mitgliedschaft in diesem Ausschuß staatlichen Körperschaften vorbehalten: So stellt der AdR zwar für die deutschen Bundesländer durchaus ein äußerst wichtiges institutionelles Forum zur Mitwirkung auf europäischer Ebene dar, doch partizipieren im Falle Deutschlands auch die Kommunen über ihre Spitzenverbände zu Lasten der Länder am deutschen Stimmenkontingent[91] von 24 Stim-

---

90) Vgl. Art. 265 (ex-Art. 198 c) EGV.
Die Kompetenzen des AdR beschränken sich im wesentlichen auf durch den EUV und den Amsterdamer Vertrag vertraglich bestimmte Anhörungsrechte und das nach Art. 265 (ex-Art. 198 c) EGV eingeräumte Recht, Stellungnahmen abzugeben.
Die einzelnen Politikbereiche, auf die sich die Anhörungsrechte des AdR erstrecken, sind in dieser Schrift weiter unten angeführt.
Vgl. in der eher kritischen Einschätzung auch HRBEK, Rudolf: The Effects of EU Integration on German Federalism, in: Recasting German Federalism. The Legacies of Unification, S. 228 f., hrsg. v. Charlie Jeffery, London u. New York 1999.

91) Auch die quantitative Verteilung der Stimmen im Regionenausschuß nach Art. 263 (ex-Art. 198 a) EGV läßt auf eine hinreichende Berücksichtigung föderativer Gegebenheiten innerhalb der EU-Mitgliedsstaaten nicht schließen. So beschränkt sich die föderalistisch in 16 Bundesländer gegliederte Bundesrepublik Deutschland

men.[92] Die schädliche und im Sinn eines genuinen Föderalismus bedenkliche Konsequenz ist, daß die deutschen Bundesländer hier also mit anderen öffentlichen Körperschaften ohne Staatsqualität, so zu den deutschen Kommunen oder europäischen Regionen, auf eine gleiche Stufe gestellt werden. Der Stellenwert subnationaler Territorialkörperschaften ist in den verschiedenenen EU-Mitgliedsstaaten höchst unter-

---

auf 24 Sitze, dem vergleichsweise kleinen und homogenen Großherzogtum Luxemburg aber wurden immerhin sechs Sitze zuerkannt.

92) Für die Bundesrepublik Deutschland benennt das jeweils in der Ministerpräsidentenkonferenz den Vorsitz führende Land die deutschen Ausschußmitglieder sowie deren Stellvertreter. Nach § 14 des *Gesetzes über die Zusammenarbeit von Bund und Ländern in Angelegenheiten der Europäischen Union* (BGBl. Nr. 9, 1993, Teil 1, Bonn v. 19.3.1993) regeln die Länder ein Beteiligungsverfahren, das sicherstellt, daß die Gemeinden und Gemeindeverbände auf Vorschlag der kommunalen Spitzenverbände mit drei gewählten Delegierten im Regionenausschuß vertreten sind. Hinsichtlich der Ländervertreter benennt nach dem *Abkommen der Ministerpräsidenten über die Entsendung der Mitglieder und Stellvertreter in den Ausschuß der Regionen* v. 1993 jedes Land zunächst jeweils einen Repräsentanten und dessen Vertreter und dann die fünf einwohnerstärksten Bundesländer nochmals je ein AdR-Mitglied und dessen Ersatz. Vgl. MIETZSCH, S. 36.
Gemäß Art. 263 (ex-Art. 198 a) EGV werden die Mitglieder des AdR formal vom Rat für vier Jahre ernannt. Die AdR-Mitglieder sind nicht weisungsgebunden. Art. 263 (ex-Art. 198 a) EGV.

schiedlich: Ob etwa *province* in Frankreich oder *regio* in Italien, alle stellen für sich etwas anderes dar als ein deutsches Bundesland mit seiner Staatsqualität.[93)] In diesem Sinn ist auch ein Bemühen, eine echte Föderalisierung Europas über den Slogan „Europa der Regionen“ erreichen zu wollen, für die deutschen Bundesländer durchaus problematisch, denn sie werden hier mental mit Gebieten innerhalb anderer europäischer Länder, die teilweise nicht einmal über eine staatliche Tradition verfügen, gleichgesetzt.[94)]

---

93) Vgl.: HRBEK, Effects, S. 226 f.; UMBACH, Dieter C.: Föderalismus und Regionalismus, in: Föderalismus zwischen Konsens und Konkurrenz. Tagungs- und Materialienband zur Fortentwicklung des deutschen Föderalismus, S. 119, hrsg. v. Ursula Männle, Baden-Baden 1998 = Schriftenreihe des Europäischen Zentrums für Föderalismus-Forschung, Bd. 15.

94) Dabei ist allerdings nicht zu verkennen, daß durch den AdR innerhalb der eher zentralstaatlich strukturierten Mitgliedsstaaten der EU eine Regionalisierungsdynamik – man denke etwa an die jüngsten Beispiele der 1999 erfolgten Wiedereinrichtung eines schottischen Regionalparlamentes und der Kreation einer walisischen Regionalversammlung – durchaus Auftrieb erhalten kann. Vgl. PÖHLE, Klaus: Das Demokratiedefizit der Europäischen Union und die nationalen Parlamente. Bietet COSAC einen Ausweg?, in: ZParl, 29. Jahrg. 1998, 1/98, S. 87.

4. Europäische Zentralisierungstendenzen und ihre Auswirkungen auf den bundesdeutschen Föderalismus

Zudem zeigt die Praxis, daß die Organe der EU und ihre Bürokratie, so die Kommission als vorschlagendes und der Rat als verabschiedendes Organ durch ihre intensive Rechtssetzungstätigkeit sowie der Europäische Gerichtshof mit seiner Vielzahl von Auslegungsentscheidungen, den politischen Handlungsspielraum der EU-Staaten ständig weiter, und dabei nicht unerheblich, einschränken.[95)]
Dies ist grundsätzlich sowohl für den innereuropäischen Föderalismus als auch für den Föderalismus innerhalb derjenigen Mitgliedsstaaten, die ihrerseits selbst bundesstaatlich organisiert sind, problematisch. So bedeutet das im Falle Deutschlands beispielsweise insofern einen Eingriff in den innerstaatlichen Föderalismus, als nicht nur vom Bund und seinen

95) Vgl. SENGER UND ETTERLIN, Stefan von: Das Europa der Eurokraten. Zentralismus, Partikularismus und die Rolle des Nationalstaates, S. 16 ff. u. S. 21, sowie SCHAUER, Hans: Wir brauchen eine neue Europapolitik. Zu einer notwendigen Debatte über Struktur und Ziele der Europäischen Gemeinschaft, S. 8 f., beide in: APuZ, B 42/92, 9. Oktober 1992, (Bonn) 1992.

Organen ein Kompetenztransfer in Richtung der europäischen Zentralinstanzen stattfindet, sondern auch die Regelungskompetenzen der einzelnen deutschen Bundesländer geschmälert werden. Dabei kommt es vor allem dann zu einem Substanzverlust an Länderkompetenzen, wenn die EU bzw. EG Materien regelt, die nach der Gesetzverteilungskompetenz im Grundgesetz in der Zuständigkeit der Länder liegen.[96)]

---

96) Vgl.: HENNECKE, Frank: Aufgabenverflechtung zwischen Europäischer Gemeinschaft, Bund und Ländern, dargestellt am Beispiel des Umweltschutzes, in: Bundesländer und Europäische Gemeinschaft. Vorträge und Diskussionsbeiträge der Verwaltungswissenschaftlichen Arbeitstagung 1987 des Forschungsinstituts für öffentliche Verwaltung bei der Hochschule für Verwaltungswissenschaften Speyer, S. 222 f., hrsg. v. Siegfried Magiera u. Detlef Merten, Berlin 1988 = Schriftenreihe der Hochschule Speyer, Bd. 103; ; LEONARDY, Uwe: The Institutional Structures of German Federalism, in: Recasting German Federalism. The Legacies of Unification, S. 13 f. u. S. 19, hrsg. v. Charlie Jeffery, London u. New York 1999.

So greift die EU beispielsweise auf den Gebieten der Regelung von Ausbildungsgängen und der Voraussetzungen sowohl für den Berufs- als auch Hochschulzugang, weiterhin im Bereich der Ausübung der Rundfunktätigkeit sowie in der Forschungspolitik und der Umweltbildung, in der Leseförderung und der Beschulung behinderter Kinder massiv in zentrale Aufgabendomänen der Länder, so selbst im Bereich von Kultur und Schule, ein. Vgl. z. B.: BERGGREEN, Ingeborg: EG und Bildungspolitik - Aushöhlung des Föderalismus?, in: Das Europa der Zukunft. Subsidiarität, Föderalismus,

5. Partizipation auf europäischer und nationaler Ebene als Kompensationsstrategie der deutschen Bundesländer

Um diese Einbuße an eigener Kompetenz zu kompensieren und wenigstens einen gewissen Einfluß auf die ihnen durch den Parlamentarischen Rat ursprünglich zugewiesenen Regelungsmaterien wahren zu können, bemühten und bemühen sich die Länder sowohl um direkte als auch indirekte Einflußnahme auf die als Regelungsinstanz wirkende EG bzw. EU.[97)]

Regionalismus, S. 18, hrsg. v. Peter Eisenmann u. Bernd Rill, Regensburg 1992 = Zeitgeschehen - Analyse und Diskussion, Bd. 5; RIESENHUBER, Heinz: Europa der Zukunft - Neue Wege für Wissenschaft und Forschung, S. 41 ff., sowie FRIEDRICH, Ingo: Europa der Zukunft - Der EG-Binnenmarkt 1992 in der Praxis für Politik und Wirtschaft, S. 51 ff., beide in: Europa der Zukunft - Neue Wege für Studium, Wissenschaft und Politik, hrsg. v. Rüdiger Gerst, Hof u. München 1990.

97) Da Einflußnahme zunächst auch Informationsaustausch sowie Findung, Definition und Koordination geichartiger Interessen voraussetzt, wirken die Länder auch in der 1985, also vor dem AdR, gegründeten *Versammlung der Regionen Europas* (VRE) mit. Da aber auch diese sich – wie der AdR - aus sehr heterogen strukturierten, subnationalen Akteuren mit zum Teil deutlich geringeren politischen Kompetenzen zusammensetzt, besteht die praktische Bedeutung der VRE für die deutschen Länder primär in einer Art „Round-table-Funktion“ sowie in der Option einer deklaratorischen Inter-

a) Die Verbindungsbüros der Länder

Eine direkte Einwirkungsmöglichkeit der Länder stellt dabei die Einrichtung der *Verbindungsbüros der Länder* in Brüssel dar, die für ihr jeweiliges Bundesland oder auch für eine Gruppe von Bundesländern[98)] sowohl informationsbeschaffend als auch durch Vermittlung von Kontakten und durch Wahrnehmung von Lobbying- sowie Public-Relations-Funktionen tätig werden.[99)] Die Bundesregierung, welche die zwischen

---

essensartikulation. Vgl.: HRBEK, Effects, S. 226 f.; HRBEK, Rudolf: Ansatzpunkte für eine Revitalisierung des deutschen Konkurrenz-Föderalismus im Rahmen des EU-Systems, in: Föderalismus zwischen Konsens und Konkurrenz. Tagungs- und Materialienband zur Fortentwicklung des deutschen Föderalismus, S. 125, hrsg. v. Ursula Männle, Baden-Baden 1998 = Schriftenreihe des Europäischen Zentrums für Föderalismus-Forschung, Bd. 15.

98) So haben sich die norddeutschen Länder Schleswig-Holstein, Niedersachsen und Hamburg mit dem Abkommen vom 19. Juni 1987 auf die Errichtung eines „Gemeinsamen Büros“ in Brüssel verständigt. NASS, Klaus Otto: Außen-, Deutschland- und Europapolitik der Bundesländer, in: Föderalismus in der Bewährungsprobe: Die Bundesrepublik Deutschland in den 90er Jahren, S. 194, hrsg. v. Arthur B. Gunlicks u. Rüdiger Voigt, 2. Aufl. Bochum 1994 = Mobilität und Normenwandel, Bd. 9.

99) STÖGER, Fritz: Aufgaben und Tätigkeit des Beobachters der Länder bei den Europäischen Gemeinschaften, in:

1985 und 1987 konstituierten Länderbüros anfangs recht kritisch sah, da sie zunächst eine Nebenaußenpolitik durch diese befürchtete,[100)] hat sich mittlerweile in der Bund-Länder-Vereinbarung vom 29. Oktober 1993 verpflichtet, die Länderbüros über die ständige Vertretung in Brüssel und gegebenfalls die bilaterale Botschaft „... in Einzelfragen im Hinblick auf ihre Aufgaben“[101)] zu unterstützen.

Bundesländer und Europäische Gemeinschaft. Vorträge und Diskussionsbeiträge der Verwaltungswissenschaftlichen Arbeitstagung 1987 des Forschungsinstituts für öffentliche Verwaltung bei der Hochschule für Verwaltungswissenschaften Speyer, S. 113 f., hrsg. v. Siegfried Magiera und Detlef Merten, Berlin 1988 = Schriftenreihe der Hochschule Speyer, Bd. 103.
Vgl. MEMMINGER, Gerhard: Die Zusammenarbeit von Bund und Ländern bei der Wahrnehmung von EG-Aufgaben. Erfahrungen und Reformbestrebungen, in: Bundesländer und Europäische Gemeinschaft. Vorträge und Diskussionsbeiträge der Verwaltungswissenschaftlichen Arbeitstagung 1987 des Forschungsinstituts für öffentliche Verwaltung bei der Hochschule für Verwaltungswissenschaften Speyer, S. 70, hrsg. v. Siegfried Magiera und Detlef Merten, Berlin 1988 = Schriftenreihe der Hochschule Speyer, Bd. 103.

100) Vgl. HRBEK, Ansatzpunkte, S. 125.

101) Vereinbarung zwischen der Bundesregierung und den Regierungen der Länder über die Zusammenarbeit in Angelegenheiten der Europäischen Union in Ausführung von § 9 des Gesetzes über die Zusammenarbeit von Bund und Ländern in Angelegenheiten der Europäischen Union. Vom 29. Oktober 1993 in der Fassung vom 8. Juni 1998 (EUZBLV), insbes. VI.

b) Die Institution des Länderbeobachters

Auf die Erhebung von Informationen, und zwar als gemeinsame Einrichtung aller deutschen Bundesländer mit „halboffiziellem Zugang“[102] in Brüssel, konzentriert sich hingegen die Institution des *Länderbeobachters*. Diese primär der unmittelbaren Informationsakquisition in Brüssel dienende Einrichtung war erstmals bei den Verhandlungen für die Römischen Verträge ab Juni 1956 in Erscheinung getreten und ist seit 1968 eine als „Beobachter der Länder bei den Europäischen Gemeinschaften“ bezeichnete gemeinsame Institution der Länder mit Dienststellen in Bonn und Brüssel.[103]

---

102) STÖGER, S. 113 ff.

103) STÖGER, S. 102 ff.
Vgl. STREINZ, Rudolf: Die Auswirkungen des Europäischen Gemeinschaftsrechts auf die Kompetenzen der deutschen Bundesländer, in: Gegenwartsfragen des Öffentlichen Rechts. Bundesstaatliche Ordnung und europäische Integration. Objektives Recht und subjektive Rechte. Information als Staatsfunktion. 28. Tagung der wissenschaftlichen Mitarbeiter der Fachrichtung „Öffentliches Recht“ vom 15.-18. März 1988 in Trier, S. 16 ff., hrsg. v. Dirk Heckmann u. Klaus Meßerschmidt, Berlin 1988 = Schriften zum Öffentlichen Recht, Bd. 552.

c) Die Mitwirkungsoption im Rat

Eine relative föderalistische Beeinflussungsmöglichkeit auf die von der EU an sich gezogenen ursprünglichen Ländermaterien sowie eine Schutzfunktion für den innerstaatlichen Föderalismus effizierte dabei aber die vor allem durch Belgien im Maastrichter Vertrag durchgesetzte Option, daß nicht nur Minister der Zentralebene, sondern nunmehr auch Minister der Regional- bzw. Länderebene eines föderativ gegliederten EU-Mitgliedsstaates diesen im Rat vertreten dürfen.[104] In Deutschland konnte so im Dezember 1992 im Zuge der Ratifizierung des Maastrichter Vertrages durch eine Grundgesetzesänderung das Recht der Bundesländer verankert werden, dann durch einen vom Bundesrat zu benennenden Vertreter der Länder im Ministerrat repräsentiert zu sein, wenn im Schwerpunkt ausschließliche Gesetzgebungsbefugnisse der Länder betroffen sind.[105]

---

104) Art. 203 Satz 1 (ex-Art. 146 Satz 1) EGV.
Hiervon machen bislang die drei föderalistisch organisierten EU-Mitgliedsstaaten Deutschland, Österreich und Belgien Gebrauch. Vgl. ARNOLD, Rainer: Die Beteiligung der Bundesländer an der Europäischen Union, in: Föderalismus zwischen Konsens und Konkurrenz. Tagungs- und Materialienband zur Fortentwicklung des deutschen Föderalismus, S. 133, hrsg. v. Ur-

d) Das Bemühen um ein eigenständiges Klagerecht

Allerdings ist das von den Ländern geforderte eigenständige Klagerecht für die Länder bzw. Regionen der Mitgliedsstaaten oder für den Regionenausschuß[106)] weder im Maastrichter[107)] noch im Amsterdamer Vertrag[108)] umgesetzt worden. Für eine Klage vor dem Europäischen Gerichtshof (EuGH) bleibt den Ländern

sula Männle, Baden-Baden 1998 = Schriftenreihe des Europäischen Zentrums für Föderalismus-Forschung, Bd. 15.

105) Neufassung Art. 23 Abs. 6 GG.
Dazu § 6 (2) EUZBLG sowie EUZBLV, insbes. II.2 u. IV.5. Derzeit scheint es, worauf auch Rudolf Hrbek hinweist, daß die deutschen Länder dieser Option der Mitwirkung über den Rat mehr Bedeutung beimessen würden als den Partizipationsmöglichkeiten über den AdR. Vgl. HRBEK, Ansatzpunkte, S. 126.

106) Zur Forderung der Länder nach einem eigenständigen Klagerecht für sich wie für den AdR siehe ausführlicher in der Fn. 110.

107) Vgl. BORKENHAGEN, Franz H. U.: Vom kooperativen Föderalismus zum „Europa der Regionen", in: APuZ, B42/92, 9. Oktober 1992, S. 37 f., (Bonn) 1992.

108) Vgl. MÜLLER-BRANDECK-BOCQUET, Gisela: Der Amsterdamer Vertrag zur Reform der Europäischen Union. Ergebnisse, Fortschritte, Defizite, in: APuZ, B47/97, 14. November 1997, S. 29, (Bonn) 1997.

somit in der Regel nur der Weg, gemäß § 7 des *Gesetzes über die Zusammenarbeit von Bund und Ländern in Angelegenheiten der Europäischen Union (EUZBLG)* die Bundesregierung durch einen Mehrheitsbeschluß des Bundesrates aufzufordern, die Länderrechte durch Anrufung des EuGH zu verteidigen.[109)]

e) Stärkung des Ausschusses der Regionen

Eine gewisse institutionelle Aufwertung des Ausschusses der Regionen bedeutet allerdings, daß er in Amsterdam, den Forderungen der deutschen Bundesländer entprechend,[110)] nunmehr einen eigenen

---

109) § 7 EUZBLG. Vom 12. März 1993, BGBl. 1993 I S. 313.
Vgl. EUZBLV, insbes. V.2.
Vgl. FISCHER, Wolfgang: Von Maastricht nach Amsterdam: Die Regierungskonferenz aus der Sicht der deutschen Länder, in: ZParl, 29. Jahrg. 1998, 1/98, S. 57 u. S. 61.

110) Die Forderungen der Länder zur weiteren Reformierung der EU hatte der Bundesrat in seiner Entschließung vom 18. Dezember 1992 (Bundesrats-Drs. 810/92) postuliert und in zwei weiteren Entschließungen vom 31. März 1995 (Bundesrats-Drs. 169/95) und 15. Dezember 1995 (Bundesrats-Drs. 667/95) konkretisiert. Darin forderten die Länder u. a. neben einer Intensivierung der Bürgernähe der EU eine Verbesserung der Durchsetzung des Subsidiaritätsprinzipes sowie eine Ausweitung der Mitsprachemöglichkeiten der Regionen. Hierzu sollten nach den Vorstellungen

organisatorischen Unterbau[111] und das Recht zu einer

---

der Länder für die Verhandlungen der Amsterdamer Regierungskonferenz das Subsidiaritätsprinzip eindeutiger als im Maastrichter Vertrag gefaßt, die Anhörungsrechte des AdR erweitert und dieser sowohl mit einem eigenen organisatorischen Unterbau sowie einem eigenständigen Klagerecht zum EuGH ausgestattet werden. Für sich selbst reklamierten die Länder ebenfalls ein allgemeines Klagerecht zum EuGH. Zugunsten einer klareren Kompetenzverteilung innerhalb der EU wollten die Länder zudem eine Katalog ausschließlicher Zuständigkeiten der Union definiert sehen. Weiterhin sollte die kommunale Selbstverwaltung durch die Gemeinschaftsverträge garantiert werden.
Mit den Forderungen nach einem Klagerecht für den AdR sowie für die Länder drangen die deutschen Länder aber schon bei der eigenen Bundesregierung nicht durch. Die Klagevertretung der Länder vor dem EuGH wollte die deutsche Bundesregierung sich selbst vorbehalten. Hinsichtlich des Klagerechtes des AdR war die bundesdeutsche Regierung lediglich bereit, sich für ein Klagerecht des AdR für den Fall einer Verletzung seiner vertraglichen Rechte einzusetzen. Auch lehnte die Bundesregierung es ab, sich für eine Neuformulierung des Subsidiaritätsgrundsatzes sowie für eine Festlegung eines EU-Kompetenzenkataloges zu verwenden. Stattdessen trat die Bundesregierung für ein ergänzendes Subsidiaritätsprotokoll ein. Dieses konnte in Amsterdam schließlich ebenso durchgesetzt werden wie die oben angesprochene Ausweitung der Anhörungsrechte des AdR, die Geschäftsordnungshoheit und der eigene organisatorische Apparat für den AdR, für welche die deutsche Bundesregierung sich ebenfalls stark gemacht hatte. Vgl. FISCHER, S. 52 f., S. 56 f. u. S. 60 ff.

111) Bis dahin teilte sich der AdR den organisatorischen Unterbau mit dem Wirtschafts- und Sozialausschuß.

eigenen Geschäftsordnung[112] zugestanden bekam und auch vom Europäischen Parlament gehört werden kann[113]. Zudem wurden seine auf den Gebieten der allgemeinen und beruflichen Bildung der Jugend,[114] Maßnahmen im Bereich transeuropäischer verkehrs,- telekommunikations- und energieinfrastruktureller Netze[115] sowie des wirtschaftlichen und sozialen Zusammenhaltes,[116] Fördermaßnahmen in den Bereichen der Kulturpolitik[117] und des Gesundheitswesens[118] bereits bestehenden Anhörungsrechte auf die Bereiche Beschäftigung,[119] soziale Angelegenheiten,[120] öffentliche Gesundheit,[121] Umwelt,[122]

---

112) Art. 264 EGV.

113) Art. 265 EGV.

114) Art. 149 (4) (ex-Art. 126 Abs.4) EGV.

115) Art. 154 (ex-Art. 129 b), Art. 155 (ex-Art. 129 c) u. Art. 156 (ex-Art. 129 d) EGV.

116) Art. 159 (ex-Art. 130 b) EGV.

117) Art. 151 (5) (ex-Art. 128 Abs. 5) EGV.

118) Art. 152 (4) (ex-Art. 129 Abs. 4) EGV.

119) Art. 128 (2) u. Art. 129 EGV.

120) Art. 137 Abs. 2 u. 3 EGV.

Verkehr[123] und berufliche Bildung[124] ausgeweitet.

f) Innerdeutsche proföderalistische Verfassungsreform hinsichtlich der europäischen Integration – Stärkung der Rolle des Bundesrates

Eine besondere Problematik für die Länder hatte das Grundgesetz in seiner vom Parlamentarischen Rat verabschiedeten Fassung dahingehend beinhaltet, als der Bund nach Art. 24 GG nicht nur seine eigenen, sondern auch Zuständigkeiten der Länder ohne deren Zustimmung oder auch nur der Zustimmung des Bundesrates an zwischenstaatliche Einrichtungen, so auch europäische Organisationen, abtreten konnte.[125]

---

121) Art. 152 (4) EGV.

122) Art. 174 u. Art. 175 Abs. 1, 2 u. 3 EGV.

123) Art. 71 (1) EGV.

124) Art. 150 (4) EGV.

125) Allerdings hatte der Deutsche Bundesrat schließlich im Zuge der Verhandlungen zur Ratifizierung der EEA 1986 ein detailliert geregeltes Mitwirkungsrecht des Bundesrates in EG-Angelegenheiten im Rahmen des Art. 2 des *Gesetzes zur Ratifikation der Einheitlichen Europäischen Akte* als Bundesgesetz durchsetzen können. Vgl.: NASS, S. 191 f. u. S. 194; HRBEK, Effects, S.

Ebenfalls im Zusammenhang mit der Ratifizierung des Maastrichter Vertrages wurde im Dezember 1992 deshalb im Grundgesetz nicht nur die Mitwirkung der Bundesrepublik Deutschland an der Entwicklung einer auf föderative Grundsätze und das Prinzip der Subsidiarität verpflichteten Europäischen Union postuliert,[126)] sondern zugunsten der Länder eine föderalistische Schutzklausel eingeführt: Die Übertragung von Hoheitsrechten durch Gesetz kann nach dem neuen Art. 23 Abs. 1 GG nunmehr nur noch mit Zustimmung des Bundesrates erfolgen.[127)] Überhaupt wurde gleichzeitig in Angelegenheiten der Europäischen Union über den neueingefügten Art. 23 Abs. 2 GG

---

221 f.; KILPER, Heiderose: Deutscher Föderalismus und europäische Integration, in: Föderalismus in Deutschland. Neue Herausforderungen, S. 71 ff., hrsg. v. Uwe Andersen, Schwalbach 1996.

126) Neufassung Art. 23 Abs. 1 Satz 1 GG: „Zur Verwirklichung eines vereinten Europas wirkt die Bundesrepublik Deutschland bei der Entwicklung der Europäischen Union mit, die demokratischen, sozialen und föderativen Grundsätzen und dem Grundsatz der Subsidiarität verpflichtet ist und einen diesem Grundgesetz im wesentlichen vergleichbaren Grundrechtschutz gewährleistet."

127) Neufassung Art. 23 Abs. 1 Satz 2 GG: „Der Bund kann hierzu durch Gesetz mit Zustimmung des Bundesrates Hoheitsrechte übertragen."

eine Mitwirkung der Länder durch eine Beteiligung des Bundesrates sichergestellt.[128] Die Anwendung des verfassungsändernden Verfahrens mit der vorgeschriebenen Zustimmungserfordernis von zwei Dritteln der Stimmen auch des Bundesrates wurde für die Begründung der Europäischen Union und für Änderungen ihrer vertraglichen Grundlagen für den Fall, daß diese eine Änderung des Grundgesetzes bedeuten würden, ebenso festgeschrieben, wie der unabänderliche Kern des Grundgesetzes inklusive seiner bundesstaatlichen Ordnung durch den Hinweis der Geltung des Art. 79 Abs. 2 und Abs. 3 GG auch für die Begründung der Europäischen Union und für Änderungen ihrer vertraglichen Grundlagen bekräftigt wurde.[129] Allerdings beinhaltete schon die ursprünglich vom Bonner Parlamentarischen Rat 1949 verabschiedete Option zur Übertragung hoheitlicher Rechte an zwischenstaatliche Einrichtungen nicht die Mög-

128) Neufassung Art. 23 Abs. 2 GG: „In Angelegenheiten der Europäischen Union wirken der Bundestag und durch den Bundesrat die Länder mit. Die Bundesregierung hat den Bundestag und den Bundesrat umfassend und zum frühestmöglichen Zeitpunkt zu unterrichten." Damit im Zusammenhang auch die Absätze 4 mit 6 dieses GG-Artikels 23.

129) Neufassung Art. 23 Abs. 1 Satz 3 GG.

lichkeit, die Gliederung Deutschlands in Bund und Länder und die grundsätzliche Mitwirkung der Länder bei der Gesetzgebung[130] sowie den Staatscharakter[131] dieser Ebenen aufzugeben.

6. Entwicklungstendenzen und aktuelle Schwächen des bundesdeutschen Föderalismus – Mögliche Reformansätze, auch im Kontext zur europäischen Integration

Die Auswirkungen des europäischen Integrationsprozesses auf die Kompetenzen und die Rolle der deutschen Länder sind nicht isoliert zu sehen, sondern vielmehr im Gesamtkontext der Entwicklung des innerdeutschen Föderalismus seit Gründung der Bundesrepublik Deutschland vor nunmehr fünf Jahrzehnten. Und bei dieser innerdeutschen Betrachtung haben die Länder und der Föderalismus in diesem Zeitraum keineswegs gewonnen. Das System des „kooperativen Föderalismus" bzw. „Kommissionen-

130) Art. 79 Abs. 3 GG u. Art. 20 GG.

131) Vgl. hierzu weiter oben unter I.

föderalismus“[132], das nicht zuletzt durch die schon weiter oben angesprochenen Faktoren[133] in seiner Entwicklung begünstigt worden war, hat weder zu einer klaren und in der Bevölkerung verständlichen Kompetenzabgrenzung und politischen Verantwortlichkeit zwischen Bund und Ländern beigetragen noch der Autonomie der Länder gedient. So konnten die Länder zwar ihre starke Stellung auf dem Gebiet der Verwaltung bewahren, aber in der Gesetzgebung hat

---

132) Vgl. beispielsweise MÖCKL, Karl: Föderalismus und Regionalismus im Europa des 19. und 20. Jahrhunderts, in: Von der freien Gemeinde zum föderalistischen Europa, Festschrift für Adolf Gasser zum 80. Geburtstag, S. 544, hrsg. v. Fried Esterbauer u. a., Berlin 1983.

133) Vgl. hierzu weiter oben unter I.
Vgl. auch:
KIRCHHOF, S. 95 ff.:
SCHWAN, Hartmut Heinrich: Die deutschen Bundesländer im Entscheidungssystem der Europäischen Gemeinschaften. Beschlußfassung und Durchführung, Berlin 1982, S. 80 ff. = Schriften zum Öffentlichen Recht, Bd. 433;
TOMUSCHAT, Christian: Bundesstaats- und Integrationsprinzip in der Verfassungsordnung des Grundgesetzes, in: Bundesländer und Europäische Gemeinschaft. Vorträge und Diskussionsbeiträge der Verwaltungswissenschaftlichen Arbeitstagung 1987 des Forschungsinstituts für öffentliche Verwaltung bei der Hochschule für Verwaltungswissenschaften Speyer, S. 14 f., hrsg. v. Siegfried Magiera und Detlef Merten, Berlin 1988 = Schriftenreihe der Hochschule Speyer, Bd. 103.

eine intensive Kompetenzverlagerung von den Ländern zum Bund stattgefunden.[134)] Die als Konsequenz dieser Ausweitung der Bundeskompetenzen erfolgte Stärkung der Stellung des Bundesrates in der Bundesgesetzgebung - in diesem Zusammenhang ist die Zunahme des Anteils an zustimmungspflichtigen Gesetzen[135)] zu sehen - hat sich dabei nicht immer im Sinne des Länderföderalismus niedergeschlagen, sondern hat sich gerade in jüngerer Zeit bei nichtübereinstimmenden parteipolitischen Mehrheitsverhältnissen von Bundestag und Bundesrat als parteienorientierte Gesetzgebungsbremse ausgewirkt.[136)]

---

134) Zur grundsätzlichen legislativen Unitarisierungstendenz als historisches Wesensmerkmal im deutschen Föderalismus vgl. LEHMBRUCH, Gerhard: Parteienwettbewerb im Bundesstaat. Regelsysteme und Spannungslagen im Institutionengefüge der Bundesrepublik Deutschland, Opladen 1998, S. 59 f.

135) Während der Anteil der bundesratszustimmungspflichtigen Bundesgesetze in der ersten Legislaturperiode noch bei 40 % lag, wuchs deren Quote mittlerweile auf über 60 % an. Handbuch des Bundesrates für das Geschäftsjahr 1998/99, hrsg. v. Deutschen Bundesrat, Baden-Baden 1999, S. 288.

136) Zur Diskussion über die Rolle des Bundesrates als „Blockadeorgan" der Gesetzgebung vgl.: LUTHARDT, Wolfgang: Abschied vom Konsensmodell? Zur Reform des Föderalismus, in: APuZ, B 13/99, 26. März 1999, insbes. S. 14, (Bonn) 1999; KÖNIG, Thomas: Regieren im deutschen Föderalismus, in: APuZ, B 13/99, 26. März

Durch die gegenwärtig praktizierte Methode des Finanzausgleiches[137] findet ein reeller Wettbewerbsföderalismus bzw. „kompetitiver Föderalismus", bei dem die verschiedenen Länder mit ihrer Politik um die besten Lösungen ringen und deren Regierungen an den Ergebnissen gemessen werden, nicht statt, denn die jetzigen Ausgleichszahlungen bestrafen die leistungsfähigeren und ökonomisch erfolgreicheren Länder und begünstigen die weniger erfolgreichen.[138] Ein neuer Modus des Finanzausgleiches, der

---

1999, S. 27 ff., (Bonn) 1999.

137) Zudem brachte im Zuge der deutschen Wiedervereinigung während der letzten Dekade die Notwendigkeit der Integration der struktur- und finanzschwachen neuen Länder eine weitere, besondere Herausforderung für den Finanzausgleich mit sich. Vgl. RENZSCH, Wolfgang: Der Föderalismus in der innerdeutschen Bewährung: Der Kampf um die Neuregelung des Finanzausgleichs, in: Föderalismus in Deutschland. Neue Herausforderungen, S. 39 ff., hrsg. v. Uwe Andersen, Schwalbach 1996.

138) Vgl. MACKENSTEIN, Hans u. JEFFERY, Charlie: Financial Equalization in the 1990s: On the Road Back to Karlsruhe?, in: Recasting German Federalism. The Legacies of Unification, S. 168 ff., hrsg. v. Charlie Jeffery, London u. New York 1999.
Seit der Integration der neuen Bundesländer in den Finanzausgleich ab dem 1.1.1995 erhalten die Länder nunmehr 44 % der Umsatzsteuer, dem Bund verbleiben 56 %. Der Umsatzsteuerausgleich nach § 2 Abs. 3 *Finanzausgleichsgesetz* (FAG) hob auch die neuen Län-

dem Wesen des Föderalismus, nämlich nicht unitarischer Gleichmacherei, sondern echter, auch in der Bevölkerung klar nachvollziehbarer Eigenverantwortung der Länder Rechnung trägt, erscheint notwendig.[139)]

---

der auf eine Finanzkraft von 92 % des Länderdurchschnitts. Der horizontale Finanzausgleich unter den Ländern (§§ 4 ff. FAG) bringt sodann die Steuereinnahmen der ausgleichsberechtigten Länder auf mindestens 95 % des Länderdurchschnitts. Schließlich heben Bundesergänzungszuweisungen (§ 11 FAG) die ärmeren Länder auf über 99 % des durchschnittlichen Steuereinnahmeniveaus der Länder. Vgl. WACHENDORFER-SCHMIDT, Ute: Föderalismus und Finanzverfassung, in: Föderalismus zwischen Konsens und Konkurrenz. Tagungs- und Materialienband zur Fortentwicklung des deutschen Föderalismus, S. 59 u. S. 63, hrsg. v. Ursula Männle, Baden-Baden 1998 = Schriftenreihe des Europäischen Zentrums für Föderalismus-Forschung, Bd. 15.

139) Entsprechende Forderungen werden auch von den „großen“ Geberländern, wie zum Beispiel Bayern, erhoben. So forderterte der bayerische Ministerpräsident Dr. Edmund Stoiber in seiner Regierungserklärung vom 4. Februar 1998 vor dem Bayerischen Landtag nicht nur eine Grundsatzdebatte über den Föderalismus in Deutschland, sondern unterbreitete auch Vorschläge zu einer Stärkung der Eigenverantwortung der Länder. In diesem Zusammenhang strebt die Bayerische Staatsregierung eine größere Steuerautonomie der Länder, eine Entflechtung der Mischfinanzierungen zwischen Bund und Ländern sowie eine „gerechtere“ Ausgestaltung des Länderfinanzausgleichs an.
Vgl. auch MÄNNLE, Ursula: Bayern in Deutschland und Europa – Perspektiven des Föderalismus auf dem Weg ins 21. Jahrhundert, in: Föderalismus zwischen Konsens

Da gerade die kleinen, weniger leistungsstarken Länder sich allzu gerne an den Tropf der Finanzzuweisungen bzw. Mischfinanzierungen des Bundes hängen[140)]

und Konkurrenz. Tagungs- und Materialienband zur Fortentwicklung des deutschen Föderalismus, S. 17 f., hrsg. v. Ursula Männle, Baden-Baden 1998 = Schriftenreihe des Europäischen Zentrums für Föderalismus-Forschung, Bd. 15.

Tatsächlich hat der Zweite Senat des Karlsruher Bundesverfassungsgerichts mit seinem Urteil vom 11. November 1999 grundsätzlich auf eine Neuregelung des Länderfinanzausgleiches bis Ende 2004 erkannt. Der Finanzausgleich dürfe im Regelfall nicht dazu führen, daß die ärmeren Länder auf über 100 % des Bundesdurchschnitts gehoben würden. Als eine „... vertretbare Balance zwischen Landesautonomie und bundesstaatlicher Solidargemeinschaft ..." sei beim horizontalen Ausgleich zwischen den Ländern eine Anhebung der Nehmerländer auf 95 % des Bundesdurchschnitts anzusehen. Zahlungen des Bundes dürften allein der ergänzenden Korrektur dienen. Das BVerfG fordert den Gesetzgeber auf, bis zum 31. Dezember 2002 allgemeine und ihn selbst bindende Maßstäbe als nachvollziehbare Grundlagen für den Länderfinanzausgleich als Basisgesetz zu erarbeiten. Darauf fußend soll der eigentliche Länderfinanzausgleich in seinen Einzelheiten in einem weiteren Zweijahresschritt erarbeitet werden. Sollten diese Fristen nicht eingehalten werden, so würde es zunächst einmal gar keinen Ausgleich mehr geben, da die derzeitige Regelung des Ausgleichs ausdrücklich nur noch als Übergangsrecht bis Ende 2004 gilt. Aktenzeichen: Bundesverfassungsgericht 2 BvF 2/98, 2 BvF 3/98, 2 BvF 1/99 u. 2 BvF 2/99.

140) Vgl. STOLORZ, Christian: Bedrückende Entwicklungsperspektiven des Föderalismus im vereinigten Deutschland, in: ZParl, 28. Jahrg. 1997, 2/97, S. 322 ff.

und somit ihre eigene, damit aber auch grundsätzlich die Unabhängigkeit der Länder unterminieren, wäre im Interesse echter Länderautonomie eine Länderneugliederung zur Schaffung leistungsfähiger, auch im Verhältnis zueinander weitgehend ausgewogener Länder geboten.[141)] Im Interesse eines genuinen Fö-

141) Seit der gelungenen Bildung des Landes Baden-Württemberg 1951/52 kam es, trotz entsprechender Empfehlungen der *Luther-Kommission* 1955 und der *Ernst-Kommission* 1973, zu keinem erfolgreichen Länderneugliederungsvorgang mehr. Die grundsätzliche Schwierigkeit, eine Länderneugliederung nach den Bestimmungen des Grundgesetzes (Art. 29 GG; vgl. Art. 5 Einigungsvertrag u. Art. 118 a GG) politisch durchzusetzen, zeigt aber das Beispiel der gescheiterten Fusion von Berlin und Brandenburg: Zwar hatten die beiden betroffenen Landesregierungen auf der Grundlage des hierfür gemäß Art. 5 des Einigungsvertrages neu eingeführten Art. 118 a GG einen Fusionsvertrag geschlossen, der auch von beiden Landesparlamenten jeweils mit Zweidrittelmehrheit ratifiziert worden war. Während aber in der folgenden Volksabstimmung vom 5. Mai 1996 die wahlberechtigte Bevölkerung Berlins die vorgesehene Vereinigung beider Staaten mit einer knappen Mehrheit von 52 % akzeptiert hatte, lehnten dies die Brandenburger mit Zweidrittelmehrheit ab. Vgl.: STOLORZ, S. 311 ff.; LEONARDY, Föderalismus, S. 137 ff.; NEWIGER, Griet: Die Streitfrage der Länderneugliederung: Das Beispiel Berlin-Brandenburg, in: Föderalismus in Deutschland. Neue Herausforderungen, S. 66 f., hrsg. v. Uwe Andersen, Schwalbach 1996.
Zur Neugliederungsproblematik allg. vgl.: z. B. BENZ, Arthur: Chancen und Grenzen einer Länderneugliederung in Deutschland, in: Die Zukunft des kooperativen

deralismus dürften hierbei aber nicht nur die ökonomischen und effizienzorientierten Gesichtspunkte eine Rolle spielen, sondern es müßte auch die landsmannschaftliche, kulturelle und historische Identität maßgeblich berücksichtigt werden.[142] Zudem läßt sich nur so die zur Neugliederung erforderliche Akzeptanz bei der betroffenen Bevölkerung erreichen.

Auch mit Blick auf die bevorstehende Osterweiterung der Europäischen Union, durch welche die östlichen Beitrittsländer am europäischen Binnenmarkt teilhaben werden und durch die auch eine tiefgreifendere Reform der Europäischen Agrar- und Strukturpolitik unumgänglich werden dürfte, erscheint eine Neugestaltung des deutschen Finanzföderalismus geboten: So wird die Osterweiterung – man denke an die Konsequenzen der Freizügigkeit der Arbeitskräfte sowie an die Niederlassungsfreiheit – zu einer besonderen Herausforderung in ökonomischer Hinsicht für bislang

---

Föderalismus in Deutschland, S. 143 ff., hrsg. v. Gerhard Hirscher, Bayreuth 1991; GREULICH, Susanne: Länderneugliederung und Grundgesetz. Entwicklungsgeschichte und Diskussion der Länderneugliederungsoption nach dem Grundgesetz, (Diss. Kiel 1994), Baden-Baden 1995; LEONARDY, Föderalismus, S. 136 ff.

142) Vgl. Art. 29 Abs. 1 GG.

prosperierende Regionen der EU gerade in unmittelbar an die Beitrittsländer angrenzenden Gebieten mit einer sich verstärkenden Standortkonkurrenz werden. Durch eine flexible, den individuellen regionalen Gegebenheiten Rechnung tragende Wirtschaftspolitik könnten die so in besonderem Maße betroffenen deutschen Länder als Akteure dem sich verstärkenden Wettbewerb begegnen und die sich durch die Osterweiterung bietenden Chancen – man denke hier beispielsweise an die Absatzmöglichkeiten und die Freiheit des Warenverkehrs – zunutze machen. Zwar böte hierfür grundsätzlich ein die ökonomische Handlungsautonomie begünstigender Föderalismus gerade den deutschen Bundesländern besonderen Handlungsspielraum und Flexibilität, aber tatsächlich ist dieser theoretische Vorteil für die deutschen Länder derzeit geradezu ins Gegenteil verkehrt, da der unitarisch wirkende Steuerverbund den Ländern wenig politische Eigeninitiative überläßt und auf gesamtdeutscher Ebene eine elastische Steuerpolitik gerade durch den parteipolitisch überlagerten Föderalismus nicht begünstigt wird. Für die Länder muß durch die Option wirkungsvoller wirtschaftspolitischer Steuerungsinstrumentarien in ihrer Hand eine aktive eigenverantwortliche Wirtschafts- und Standortpolitik möglich werden. Eine diesbezügliche Reform des Föderalismus in Richtung Steuer- und Ausgabenentflechtung böte die Chance, gerade die deutschen Länder im Vergleich zu anderen Regionen Europas für den ökonomischen Wettbewerb bestens zu befähigen.[143)]

Im Sinne einer anzustrebenden größeren Finanzgerechtigkeit zwischen Bund und Ländern sollte eine Reform der Finanzverfassung – wie dies vom damaligen Bundespräsidenten Roman Herzog im Herbst 1994 thematisiert und auch von der Verfassungsrechtlichen Abteilung des 61. Deutschen Juristentages im September 1996 empfohlen worden war[144)]- darauf hinzielen, beim Konnexitätsprinzip statt der bisher praktizierten exekutiven Kostenkausalität der legislativen Kosten-

---

143) Vgl. STURM, Roland: Föderalismus und die Herausforderung der Ost-Erweiterung der Europäischen Union, in: Föderalismus zwischen Konsens und Konkurrenz. Tagungs- und Materialienband zur Fortentwicklung des deutschen Föderalismus, S. 143 ff., hrsg. v. Ursula Männle, Baden-Baden 1998 = Schriftenreihe des Europäischen Zentrums für Föderalismus-Forschung, Bd. 15.

144) Auf der Basis eines von Ferdinand Kirchhof vorgelegten Gutachtens: Empfehlen sich Maßnahmen, um in der Finanzverfassung Aufgaben- und Ausgabenverantwortung von Bund, Ländern und Gemeinden stärker zusammenzuführen? Gutachten D zum 61. Deutschen Juristentag Karlsruhe 1996, München 1996.

kausalität Rechnung zu tragen. Dies würde effizieren, daß künftig nicht mehr wie bisher der Bund Gesetze erlassen könnte und die Länder faktisch als in der Regel verwaltungsausführende Instanz hierfür die Kosten übernehmen müßten, sondern daß jede legislative Ebene selbst für die Finanzierung der sich aus der Ausführung ihrer Gesetzgebung ergebenden Kosten verantwortlich wäre.[145)]

Um die oben angesprochene, bei unterschiedlichen Mehrheitsverhältnissen in Bundestag und Bundesrat zu beobachtende parteipolitisch überlagerte Gesetzgebungsblockade strukturell aufzulösen und auf den ursprünglichen föderalistischen Sinngehalt zurückzuführen, müßten zur Entlastung der legislativen Zustimmungserfordernis des Bundesrates die ureigenen Gesetzgebungkompetenzen der Länder wieder gestärkt werden. Die Chance hierzu böte sich im Zuge der anzustrebenden notwendigen Kompetenzrückverlagerung von der europäischen auf die nationale Ebene.

145) Vgl. LEONARDY, Föderalismus, S. 147 ff.

V. Zusammenfassende Schlußbewertung

Zusammenfassend läßt sich konstatieren, daß sowohl der Föderalismus auf europäischer Ebene als auch die Entwicklung der zahlreichen föderativen Staaten innerhalb Europas auf eine lange gewachsene, zu den jeweiligen ethnischen, kulturellen und staatspolitischen Gegebenheiten korrespondierende Tradition zurückzuführen sind. Die föderativ strukturierten Staaten können dabei das Ergebnis eines Prozesses des Zusammenwachsens von zunächst relativ selbständigen unabhängigen Staaten, wie dies beispielsweise bei Großbritannien der Fall ist, sein, oder eher, wie die Entwicklung des Alten Reiches vom Mittelalter bis 1806 demonstriert, das Produkt eines Zerfallsprozesses. Gerade das Territorium des Alten Reiches bot in der Mitte Europas den Nährboden für föderative Staatssysteme, so auch für die Bundesrepublik Deutschland, welche, wenn man etwa ihre Länderkammer, den Bundesrat, betrachtet, über eine nahezu nahtlose föderalistische Kontinuitätslinie aus der Vergangenheit verfügt.

Jedenfalls stellt der Föderalismus in Europa wie in Deutschland, obschon von zahlreichen ideenge-

schichtlichen Ansätzen begleitet und bereichert, kein artifizielles Strukturprinzip, sondern vielmehr ein historisch gewachsenes Phänomen dar.
Auf der Ebene der europäischen Gemeinschaft aber befindet sich die Europäische Union hinsichtlich der Weiterentwicklung ihrer inneren Struktur nunmehr an einem Scheidepunkt zwischen dem Weg zu einem eher zentralistisch-bürokratischen System oder dem Kurs zu einer subsidiär-föderalistischen, dezentralen Ordnung.
Diese nun anstehende Weichenstellung wird grundlegende Bedeutung für die deutschen Bundesländer haben: Sollte die erstere Richtung eingeschlagen werden, so dürften die deutschen Länder sich künftig eher in der Rolle von verwaltungsausführenden Provinzen mit gewissen Selbstverwaltungsrechten sehen. Bei einem wirklichen Beschreiten des zweiteren Weges aber muß dieser mit einer Rückverlagerung von Kompetenzen von der europäischen Zentralbürokratie hin zu den Mitgliedsstaaten der EU verbunden sein. Die deutschen Länder werden hierbei darauf achten müssen, daß die ihnen ursprünglich einmal zugehörenden Kompetenzen dann nicht beim Bund verbleiben, sondern wieder in ihre Hoheit fallen. Für die Wahrung einer eigenstaatlichen Stellung besteht da-

bei aufgrund des umgekehrten Trends in der Vergangenheit die Notwendigkeit, daß die Länder auch wieder echte Legislativbefugnisse zurückerhalten.
Die erfolgreich eingeschlagene Strategie der Länder, substantielle Zuständigkeitsverluste durch ein Mehr an Partizipation an übergeordneten Ebenen zu kompensieren, genügt, wenn man etwa an die damit verbundene Einbuße an klarer politischer Verantwortlichkeit denkt, keineswegs. Im Sinne eines leistungsstarken und effizienten Föderalismus in Deutschland werden auch tiefgreifendere Konsequenzen für die föderative Struktur, wie eine größere Steuerautonomie der Länder und ein überarbeiteter Länderfinanzausgleich sowie auch eine Länderneugliederung zugunsten der Schaffung leistungsstarker und zueinander ausgewogener Länder zu prüfen sein. Aber auch um den etwa durch die bevorstehende EU-Osterweiterung künftig zu erwartenden, noch größeren ökonomischen Herausforderungen und dem härteren Standortwettbewerb effizient entgegentreten zu können, ist eine innerdeutsche Steuerentflechtung mit wirksamer wirtschaftspolitischer Eigenverantwortung der Länder anzustreben.

Einem künftigen gemeinsamen europäischen Haus kann dauerhafter Erfolg nur beschieden sein, wenn bei der Kreation und Umsetzung einer europäischen Verfassungsordnung - sowohl der historischen Potenz der föderalistischen Tradition in Europa als auch der gewachsenen soziokulturellen und mentalen Pluralität der europäischen Identität[146] entsprechend - ein echter, lebendiger und demokratisch legitimierter Föderalismus zum politischen Ordnungsprinzip wird, der durch seine innere Gliederung möglichst bürgernahe, auch individuellen Gegebenheiten Rechnung tragende Entscheidungen zugunsten einer positiven Identifikation der Bürger mit der gesamteuropäischen Ordnung ermöglicht. Die föderalistische und die demokratische Verfassungsstrukturdimension sind dabei also für die europäische Ordnung keine Gegensätze, sondern bedingen und ergänzen sich als von den Bürgern ausgehende, von „unten" nach „oben" organisierte Demokratie gegenseitig.[147]

---

146) Zur Pluralität der europäischen Identität vgl. auch den Beitrag von PFETSCH, Frank R.: Die Problematik der europäischen Identität, in: APuZ, B 25-26/98, 12. Juni 1998, S. 3 ff., (Bonn) 1998.

147) Zum grundsätzlichen Zusammenhang von Föderalismus, Subsidiarität und Demokratie siehe auch bei GERST, Rüdiger: Möglichkeiten und Grenzen des Individuums in der Demokratie - Ein Diskussionsbeitrag zur verfassungspolitischen Staatstheorie, Bamberg 1996, insbes. S. 13 f., S. 21 f. u. S. 30 f.

Dies setzt aber nicht nur die strikte Beachtung der von den europäischen Vertragsinhalten nicht berührten inneren Souveränitätssphären der sämtlich demokratisch organisierten Mitgliedsstaaten und deren Gliedstaaten seitens der Gemeinschaftsorgane auch in der Praxis als Selbstverständlichkeit voraus, sondern es bedürfen darüber hinaus die bisher vertraglich verankerten Bekenntnisse zum Subsidiaritätsprinzip einer konkreten, weit über die Ergebnisse der Maastrichter und der Amsterdamer Verträge hinausgehenden föderalistischen und demokratischen Ausgestaltung in der europäischen Verfassungsordnung. Jedenfalls hat eine derartige innere institutionelle Weiterentwicklung, auch schon mit Blick auf die EU-Osterweiterung als deren unabdingbare Voraussetzung, die Funktionstüchtigkeit des europäischen politischen Systems erheblich zu verbessern. Dabei muß auch die - von den doch unverkennbaren positiven Ansätzen abgesehen - weitgehende „Blindheit" der bisherigen europäischen Vertragswerke gegenüber den in ihrem politischen Verantwortungswirken zu stärkenden Bundesländern des immerhin einwohnermäßig größten EU-Mitgliedsstaates überwunden werden, da gerade jene in besonderer Weise im vorgenannten Sinne dem Ziel der Errichtung eines volksnahen, vom „Demos“ seiner Bürger getragenen europäischen Hauses dienen können.

Abkürzungsverzeichnis

AdR = Ausschuß der Regionen

APuZ = Aus Politik und Zeitgeschichte. Beilage zur Wochenzeitung „Das Parlament“

AV = Amsterdamer Vertrag zur Europäischen Union (Vertrag von Amsterdam zur Änderung des Vertrages über die Europäische Union, der Verträge zur Gründung der Europäischen Gemeinschaften sowie einiger damit zusammenhängender Rechtsakte, v. 2. Oktober 1997, Bulletin Nr. 94 v. 27.11.1997, S. 1089 ff.)

BVerfG = Bundesverfassungsgericht

DBA = Deutsche Bundesakte; (Die deutsche Bundes-Acte vom 8. Juni 1815, I., in: CORPUS IURIS CONFOEDERATIONIS GERMANICAE oder Staatsacten für Geschichte und öffentliches Recht des Deutschen Bundes, Teil 2, Vollständige Sammlung der Grundgesetze des Deutschen Bundes und der normativen Beschlüsse der hohen deutschen Bundesversammlung von der Stiftung des Deutschen Bundes bis zum 9. September 1858, S. 1 ff., hrsg. v. Philipp Anton Guido von Meyer, ergänzt v. Heinrich Zöpfl, Neudruck der 3. Aufl. Frankfurt a. M. 1859-1861, Aalen 1978.)

Drs. = Drucksache

EEA = Einheitliche Europäische Akte. Vom 28.2. 1986 (BGBl. 1986 II S. 1102).

EG = Europäische Gemeinschaft(en)

EGKS = Europäische Gemeinschaft für Kohle und Stahl

EGV = EG-Vertrag: Vertrag zur Gründung der Europäischen Gemeinschaft

Einigungsvertrag = Vertrag zwischen der Bundesrepublik Deutschland und der Deutschen Demokratischen Republik über die Herstellung der Einheit Deutschlands v. 31. August 1990

EU = Europäische Union

EUV = Vertrag über die Europäische Union v. 7. Februar 1992

EUZBLG = Gesetz über die Zusammenarbeit von Bund und Ländern in Angelegenheiten der Europäischen Union. Vom 12. März 1993 (BGBl. 1993 I S. 313).

EUZBLV = Vereinbarung zwischen der Bundesregierung und den Regierungen der Länder über die Zusammenarbeit in Angelegenheiten der Europäischen Union in Ausführung von § 9 des Gesetzes über die Zusammenarbeit von Bund und Ländern in Angelegenheiten der Europäischen Union. Vom 29. Oktober 1993 in der Fassung vom 8. Juni 1998.

EuGH = Europäischer Gerichtshof

Euratom = Europäische Atomgemeinschaft

EWG = Europäische Wirtschaftsgemeinschaft

EWGV = Vertrag zur Gründung der Europäischen Wirtschaftsgemeinschaft. Vom 25. März 1957 (BGBl. II S. 766)

FAG = Finanzausgleichsgesetz

Fn. = Fußnote

GG = Grundgesetz für die Bundesrepublik Deutschland

NJW = Neue Juristische Wochenschrift

PVS = Politische Vierteljahresschrift. Zeitschrift der Deutschen Vereinigung für Politische Wissenschaft

UN(O) = United Nations (Organization) = Vereinte Nationen

VRE = Versammlung der Regionen Europas

WSA = Wiener Schlußakte; (Schluß-Akte der über Ausbildung und Befestigung des deutschen Bundes zu Wien gehaltenen Ministerial-Conferenzen, Beschluß der Plenarversammlung vom 8. Juni 1820, XXXV., in: CORPUS IURIS CONFOEDERATIONIS GERMANICAE, Teil 2, [siehe oben unter DBA], S. 101 ff.)

ZParl = Zeitschrift für Parlamentsfragen; hrsg. v. der Deutschen Vereinigung für Parlamentsfragen

Über den Verfasser

Rüdiger Gerst, Jahrgang 1961, ist Politologe und Historiker. Forschungsschwerpunkte sind der Föderalismus und Parlamentarismus in Deutschland und Europa. 1989 Bestellung zum Lehrbeauftragten für Politikwissenschaft an der Fakultät Sozial- und Wirtschaftswissenschaften der Universität Bamberg.